JN059068

琵琶湖

水辺の文化的景観

金田章裕

平凡社

口絵1　西の湖周辺のヨシ原とヨシ刈りの範囲（近江八幡市所蔵）

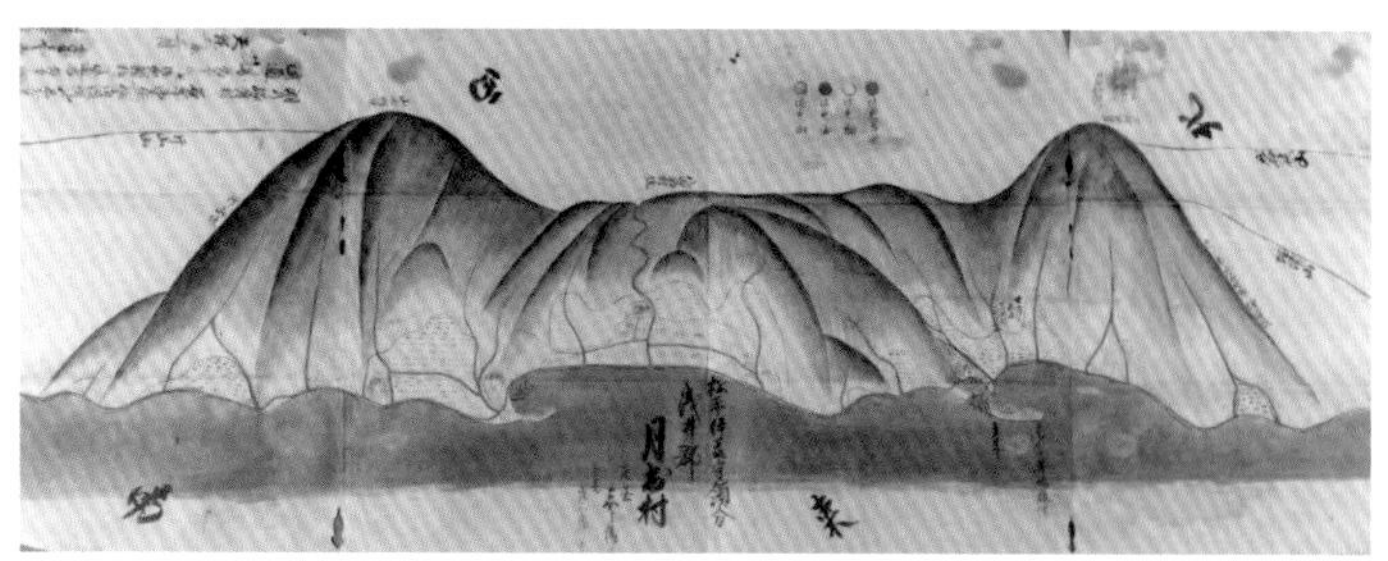

口絵2　「松平伊豆守領分近江国浅井郡月出村」絵図（長浜市提供、月出自治会所蔵）

口絵3 「第四大区浅井郡第二十五小区月出村」絵図（長浜市提供、月出自治会所蔵）

口絵4 「神崎郡伊庭村地籍全図」（部分、東近江市能登川博物館提供）

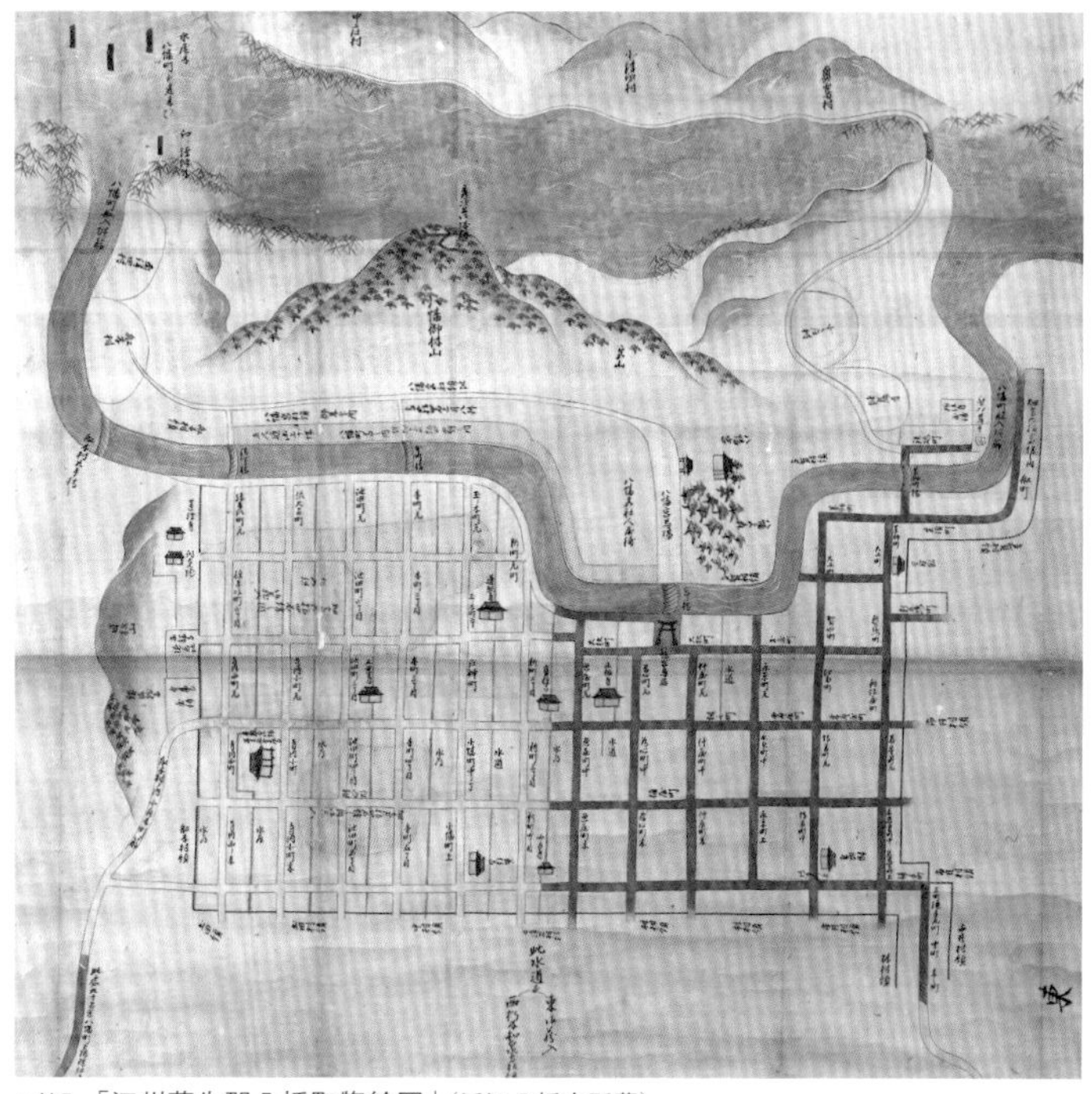

口絵5　「江州蒲生郡八幡町惣絵図」（近江八幡市所蔵）

口絵6 「近江国菅浦与大浦下荘堺絵図」に描かれた竹生島（菅浦区所有、滋賀大学経済学部附属史料館保管）

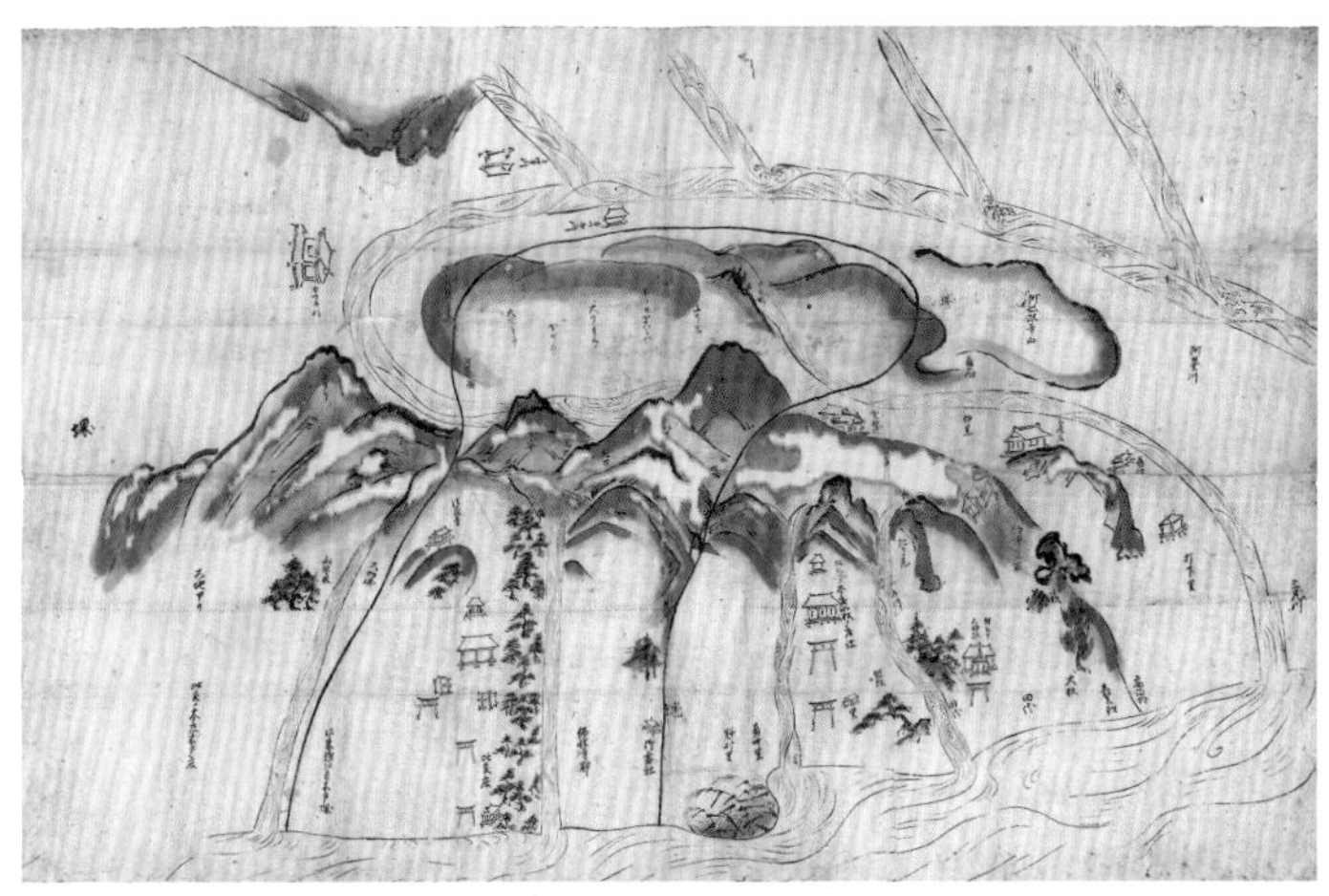

口絵7 「近江国比良荘堺相論絵図」（部分、滋賀県大津市北比良区所蔵）

琵琶湖——水辺の文化的景観

琵琶湖――水辺の文化的景観　目次

第三章　水辺の町と城……115

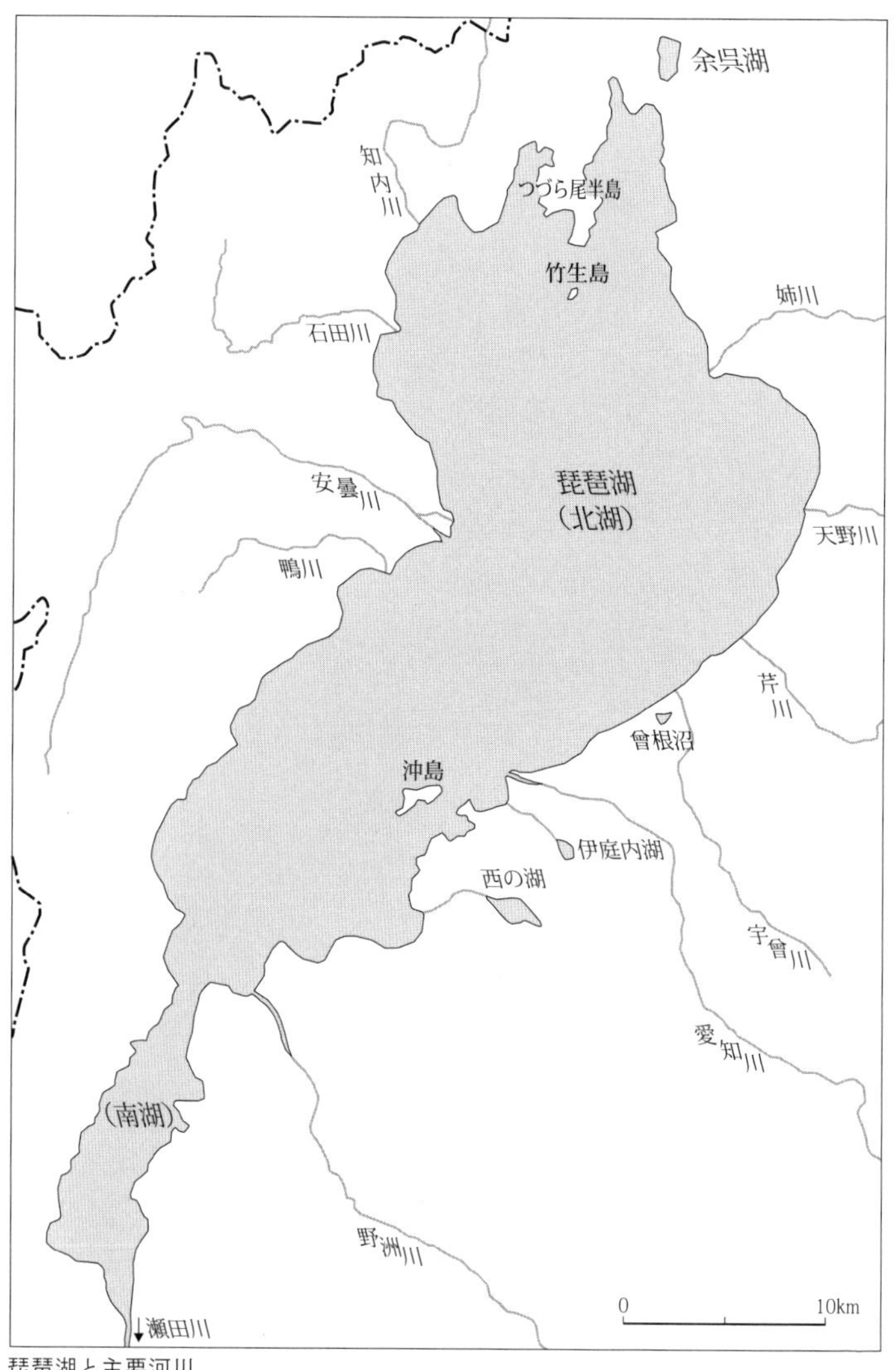
余呉湖
知内川
つづら尾半島
竹生島
姉川
石田川
琵琶湖
（北湖）
安曇川
天野川
鴨川
芹川
曾根沼
沖島
伊庭内湖
西の湖
宇曾川
愛知川
（南湖）
野洲川
0
10km
瀬田川

琵琶湖と主要河川

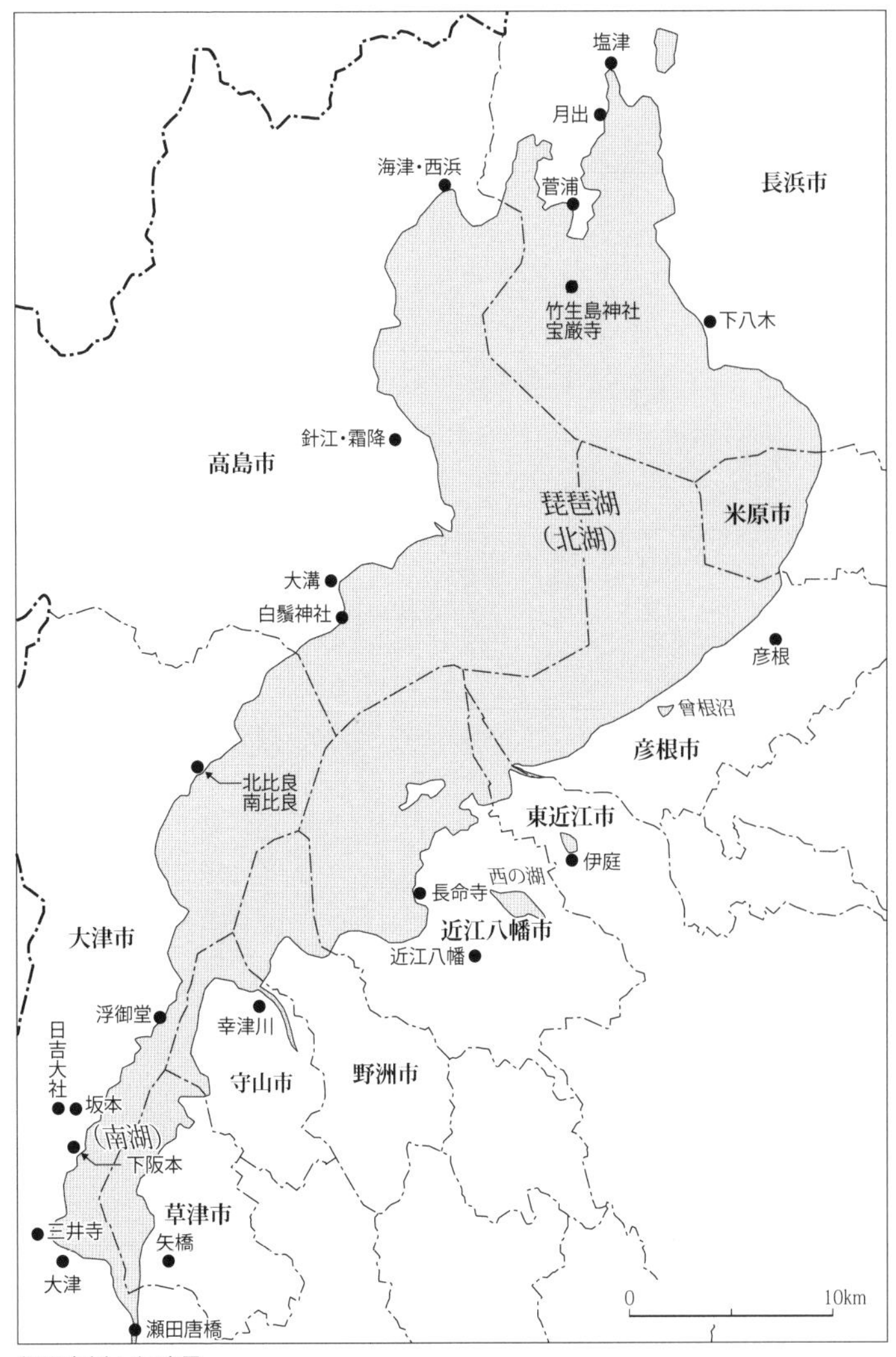
塩津
月出
海津・西浜
菅浦
長浜市
竹生島神社
宝厳寺
下八木
針江・霜降
高島市
琵琶湖
（北湖）
米原市
大溝
白鬚神社
彦根
曾根沼
彦根市
北比良
南比良
東近江市
伊庭
西の湖
長命寺
近江八幡市
大津市
近江八幡
浮御堂
幸津川
日吉大社
守山市
野洲市
坂本
（南湖）
下阪本
草津市
三井寺
矢橋
大津
0
10km
瀬田唐橋
主要事例と行政界

はじめに――伝統的な水辺をみつめる

日本人の多くは水辺で生活をしてきた、といっても過言でないであろう。その水辺における生活と生業（なりわい）の景観について述べるのが本書の目的である。海に取り囲まれた日本では海岸での生活が多く、また内陸でも川沿いや湖沼沿岸の生活はどこにでも見られた。本書が取り上げるのは、日本最大の淡水湖である琵琶湖である。琵琶湖を取り上げる理由は二つある。

一つ目は、広大な琵琶湖の湖岸では古来より多くの人々が生活してきたし、現在でも重要な生活の場であり、典型的な水辺の文化的景観が展開することである。湖岸には、人々の伝統的な生活と生業の状況を物語る景観がそこここに見られる。本書はこのような水辺の文化的景観を探索してそれを紹介しつつ、それが物語る生活と生業の来し方に思いをいたすのが目的である。

二つ目の理由は、日本を取り巻く海岸においても、かつてはさまざまな水辺の生活と生業が繰り広げられてきたが、今ではそれがほとんど失われているか、大きく変化しているものの、琵琶湖ではそれが残されているからである。伝統的景観の多くが失われてしまったことの背景には、日本の海岸線が、一部の保護された景勝や、山地が直接海に臨んでいるような場所を除いて、ほとんどが人工的に改変されてしまったことなどがある。干拓・埋め立て地の造成をはじめ、海岸は多くの場合、防潮堤などの人工的な施設と構造へと変化している。特に近代以後は防災が重視され、コンクリートの防壁や防波堤に画された形となっているのである。

琵琶湖では、湖岸に伝統的な集落があるのみならず、湖中にも生活の場がある。東岸（湖東）の平野中央部に位置する近江八幡市の沖合には、淡水湖としては日本で唯一、湖中の島に人が住んでいる島、沖島（近江八幡市沖島町）がある。住民は約二五〇人である。島には市立小学校や郵便局などの公共施設もあり、いわば普通の日常生活が送られている。

本土の湖岸との移動手段は船である。島民は自家用車のように船を利用する。近江八幡市北端の湖岸にある堀切新港から、約一・五キロメートルの水上を、沖島通船が島と結んでおり、一日一二往復（平日）、乗船時間一〇分ほどである。島民や内外の小中学生は片道二〇〇円、外部の大人は片道五〇〇〇円である（二〇二〇年）。

日常生活とは別に浜大津港（大津市）から、観光船も時折やってくる。観光客の中には、島内を散策したり、名産の鮒ずしを買ったり、さらには鮒ずしをつくる体験コースを予約している場合もある。いわば、沖島の文化的景観を目にするとともに、生活と生業の一端を自ら味わい、また体験するための訪問であるともいえる。


文化的景観を眺め始める前に、まず琵琶湖の概要を記しておきたい。

琵琶湖は、面積約六八一平方キロメートルに及び、滋賀県の面積の約六分の一を占める。周囲から大小四〇〇以上の河川が流入し、南端から瀬田川（中・下流では宇治川・淀川）が流れ出る。湖面の標準標高は約八五メートル（大阪湾最低潮位基準）、平均水深四一メートル、最大水深一〇三・四メートル（西岸に流入する安曇川河口の沖合）である。

琵琶湖の地形やなりたちについては第五章で改めて概要を紹介するが、琵琶湖の沿岸には、砂州で画された内陸側に、内湖と呼ばれる小さな湖水（潟湖、「かたこ」とも）がいくつも付属していることが大きな特徴である。

琵琶湖本体の湖岸はもちろん人々の生活の場であったが、このような内湖の湖岸にもまた同じように、場合によってはそれ以上に、人々の伝統的営みにかかわる景観が残されていることが多い。本書では、琵琶湖の湖岸と内湖の湖岸のいずれの場合についても、水辺の文化的景観の例を取り上げたい。

例えば魞（えり）は琵琶湖特有の漁法であり、多様な魚が捕獲されるが、とりわけ鮎漁によって、稚鮎の全国的供給拠点となっている。さらに、湖畔近くの河川に設置された簗（やな）も特色ある漁法であり、遡上する鮎（以下アユ）や鯚（はす）（以下ハス）などを捕獲する。湖畔だけではなく、琵琶湖に注ぎ込む河川の川岸付近にも、かつてはしばしば伝統的な水辺の文化的景観が見られた。

琵琶湖に流入する河川沿いの伝統的営みは、堤防建設などによって多くが失われたが、堤防沿いでなければ、豊富な地表水や地下水を利用した生活が続いている場合もあり、やはり一つの典型的な水辺の文化的景観を示している。このような水辺も、本書での紹介の対象としたい。

もともと水辺の文化的景観は、日本の各地に多様な形で展開していた。今や琵琶湖とその周辺は、水辺の文化的景観が多く継続する数少ない地域であり、多様な様相を見ることができる。わかりやすくするために、可能な限り、写真を撮影して掲載したが、そうでないものは出典を明示した。

なお、文化的景観の一般的状況や、文化財としての制度・意義については、前著『文化的景観——生活となりわいの物語』(日本経済新聞出版社、二〇一二年)をご参照いただければ幸いである。ただし同書では、多様な文化的景観を取り上げたものの、水辺の文化的景観はわずか二例であり、いずれまとまった紹介をすることを期していた。本書はその意味で、同書の続編でもある。

本書では、水辺の生活と生業(第一章)、舟運と湖辺の道(第二章)、水辺の町と城(第三章)、水辺の祈り(第四章)、琵琶湖——水辺のなりたち(第五章)の順に配列したが、琵琶湖の成因や変化に関心の高い方は、第五章を先に読んでいただくことも選択肢の一つであろう。

第一章 水辺の生活と生業

第一節　湖北の漁村——菅浦

つづら尾崎の湖畔

琵琶湖には東岸（湖東）にも西岸（湖西）にも、それぞれ大小の多くの河川が形成した平野があり、湖東では野洲（やす）川流域、湖西では安曇川流域の平野がそれぞれ最大である。全体としてみると、琵琶湖のなりたちを反映して湖東の平野が広く、湖西の平野が狭い。

一方北岸（湖北）には、海津（かいづ）大崎と葛籠（つづら）（以下つづら）尾崎の二つの半島が北から南へと延びていて、山地が湖に直接臨んでいる。この二つの半島の中でも、特につづら尾半島は、幅は狭いものの琵琶湖へと大きく突出し、先端のさらに約二キロメートル南には竹生島がある。

両半島の間（つづら尾半島の西側）と、つづら尾半島と琵琶湖東岸の間（つづら尾半島の東側）は、いずれも琵琶湖が奥深く入り込んだ入江である。それぞれの入江の奥には小河川からの土砂が堆積した狭小な低地があって、つづら尾半島西側の入江奥には大浦、東側の入江奥には塩津の集落（いずれも旧西浅井町、現長浜市）がある。

つづら尾半島の先端に近い、半島西岸の湾曲部には、湖畔に菅浦の集落が位置する。かつては、湖上の船がほとんど唯一の交通手段であったが、現在では大浦からの道路が整備され、JR永原駅から路線バスが運行されている。菅浦は、「菅浦の湖岸集落景観」として重要文化的景観に選定されている集落で、水辺の文化的景観をよくとどめている集落である。

菅浦の集落背後のつづら尾半島は、標高四七〇メートルの日計山系から延びる山地であり、山麓の狭い平地がすぐ前面の琵琶湖に接する。集落は、西から半円状に窪んだ北西―南東方向の湖岸に沿った狭小な平地に存在する。西寄りの部分では、集落が相対的にやや広い平地に密集し、緩やかな斜面状をなして山麓へと続いている。この三角形状に広がる集落の前面の湖岸には漁船の船溜があり、コンクリートの護岸と防波堤で囲まれている。

この船溜の中央部付近には、かつて菅浦を構成した「東村」と「西村」の境があったとされる。現在の船溜の西側と東側には、かつて西の川・東の川と呼ばれた引き込み水路があり、西村と東村それぞれの漁船の係留に使われていた。

菅浦は令和二年（二〇二〇）現在、長浜市に属しており（長浜市西浅井町菅浦）、人口一五二人、世帯数七一である。平成二三年（二〇一一）には、人口二四一人、世帯数九三であったから、一〇年間でそれぞれ四〇パーセント減、二五パーセント減といった状況である。

近代になっても外部から菅浦へ、あるいは菅浦からほかの湖岸の町・村へは、基本的に船を使って移動した。学童（永原小学校菅浦分校では五年生になれば本校へ通った）の大浦への通学も、「こわたし」と呼ばれた湾入部を船で渡ることによって、徒歩では二キロメートル歩かなければならないところ、渡船で五〇〇メートルとすることができたという。大津—長浜間を鉄道に代わって連絡したかつての太湖汽船も菅浦に寄港した。

現在では、北の大浦からつづら尾半島西岸をたどる道路（元西浅井村の村道）が整備され、路線バスが運行されていることもすでに述べた。さらに昭和四六年（一九七一）に半島の尾根上に「奥びわ湖パークウェイ」が建設され、運用された。そのため今では、車でも菅浦へ容易に訪れることができる。

菅浦——「四足門」と石垣の道

菅浦の集落西北端のバス停に降り立つと、まず目に入るのは、広場の中心付近にポツンと建っている葭葺（茅葺と同じように見えるが、素材は葭）の門である（図1）。しかも、門でありながら、開閉する門扉がないのが特徴である。

門には、葭葺の屋根を支えるように見える柱が四本あることから、「四足門」と呼ばれている。しかし、構造上は四脚門ではなく、左右それぞれが本柱と控柱からなる、「薬医門」と呼ばれる様式だとされる。本柱と控柱を二条の貫で連結し、左右の本柱の上に冠木を置いた構造である。

図1　菅浦 - 西の四足門

この四足門（西の四足門）を通る道は、もともと集落内の二本の道（現在は湖岸に後述のもう一本の道がある）へと通じていた。一本は集落の西部分（西村）の山麓方向へ、もう一本は湖岸と並行して集落の中を東南部分（東村）へと向かっている。

湖岸と並行する道をずっと進むと、集落の東南端にある、東門と呼ばれる同じような葭葺の四足門の場所に至る。やはり門扉はない。西門と東門は、集落の西北端と東南端を画する結界の門であったこと

図2　菅浦 - 石垣の道

が知られる。史料では、明暦二年（一六五六）には存在が確認されており、一四世紀末〜一五世紀に起源が遡ると推定されている。

現在残っているのは、このような西北端・東南端の二ヶ所の四足門であるが、明治初めの史料では、かつて「四方門」と呼ばれ、四方の計四ヶ所に設けられていたことが知られる。結界を示す門であったことは一層明らかであろう。

さて、この湖岸とほぼ並走する集落を貫く道は、両側が石垣で囲まれている。図2のように石垣を施された民家の敷地は路面より高くなっており、おそらくはもともと路面の位置であったところが土盛りされたものであろう。この道はかつての湖岸の道であり、石垣は湖上からの波を防ぐ役割があったとみられる。事実最近でも、台風一九号（二〇一九年）の際に波による被害を受け、石垣の一部補修が必要となった。

かつては、この道の内陸側には民家が並び、道の湖側には各民家の作業場や物置が並んでいた。例えば明治時代の地籍図では、それぞれの民家が地番の施された独立した地筆の「宅地」、湖側はそれぞれの宅地と同じ地筆であり、「内一　物置」などと記載されており、各宅地に付された地番の枝番の地筆として存在した。もともとはそれぞれの民家が、道を挟んだ湖岸を物置用・作業用として占有していたことが知られる。

ところが現在では、この物置用地のさらに湖側に道路がつくられ、それが湖岸の船溜の岸側に直結している。西の四足門から、この新しい湖岸の道をたどると、ほどなく船溜へと達する。何艘かの漁船が係留され、釣りをしている人がいることもある（図3）。

図3　菅浦漁港

この湖岸を埋め立てた新しい道は、先に述べた西の四足門の湖岸側から続いている。そのために、西の四足門が、道路に設置された結界というよりは、先に述べたように、広場にポツンと孤立して建っているように見えるのである。

集落内の民家は現在、基本的に瓦葺であり、側壁には板が使用されている形が多い。板壁もまた、風雨に対する備えである。集落内には、民家ではない作業所の小規模な建物が点在することも一つの特徴である。この点には後で触れたい。

集落の北東側の山腹、集落より高い部分には、祇樹院（曹洞宗）、長福寺跡、阿弥陀寺（時宗）、安相寺（真宗本願寺派）、真蔵院（真言宗）など各宗の寺院が並び、真蔵院の北には金毘羅神社も存在する。山腹から集落を見下ろす位置である。長福寺（現公民館の敷地）はかつて西村の寺院、阿弥陀寺は旧東村の寺院として重要であったという。

須賀神社と神輿

西の四足門のすぐ山側に、正面に庇（ひさし）を付した銅板葺の同じ形の建物が、東西に二棟並んでいる。須賀神社の「御供所（ごくしょ）」と呼ばれているこの建物は、明治時代の史料（『合祀書類』）には「東供所、西供所」あるいは「社務所、器具舎」と記され、建物の役割を示している。現在は主屋根・庇とも銅板葺であるが、その前は桟瓦（さんがわら）葺であった。さらにそれ以前、四足門のような葭葺であった時期の写真も残っている。

この御供所のさらに山側には「馬場」と呼ばれている小さな広場があり、その奥には「神輿堂」と呼ばれている入母屋・桟瓦葺の東西棟の建物がある。建物は正面に向かって三区画に区分され、それぞれの区画の正面に二枚の蔀（しとみ）がはめられて、神輿が格納されている。

御供所・馬場・神輿堂のある一角の東側には、広場から石段があって、山上の須賀神社の本殿（東殿には保良（ほら）神社、西殿には小椋・赤崎神社）と拝殿、摂社（神明宮・天満宮）に至っている。石段下には一の鳥居、山上には二の鳥居がある。神職は、竹生島の竹生島神社神職の兼務であるという。

さて、神輿堂には三基の神輿（須賀神社・小林神社・赤坂神社）が収められており、例祭・大祭の際に担ぎ出される。

例祭は四月の第一土、日曜日（元は四月二、三日）に宵宮と本祭りがあって、宵宮には神輿が集落を東の四足門まで渡御する（神輿巡行（むらまわり））。

大祭は五〇年に一回であり、平成二五年（二〇一三）一〇月一三日の大祭は、合祀されている淳仁天皇の一二五〇年祭とも称されていた。菅浦には、八世紀に保良宮で孝謙上皇と隔意した淳仁天皇が、退位を余儀なくされた後にここで隠棲したとの伝承が伝わることに由来する。

先に述べたように集落の人口が急減しているので神輿の担ぎ手が少なく、最近の例祭には一基しか巡行できなかったという。菅浦では神輿の担ぎ手は菅浦の住人あるいは出身者に限られており、平成二五年の大祭には、各地に転出している子弟の多くに声をかけて、担ぎ手を集めたのだという。これによってようやく、久しぶりに三基揃って渡御することができたのだろう。

筆者はこの大祭に招待していただいて、幸運にも貴重な体験をした。集落のほぼ中央にある公民館に集合した後、馬場に準備された椅子に着座して儀式全般を見学することができたのである。

大祭では（例祭も同じ）、巡行した後、神輿堂に戻った神輿の前の馬場において、御神饌を供え、玉串の奉納、神楽（巫女舞）の奉納と続き、さらに「幣(ぬさ)祭り・幣倒し」の後、神輿が「石段を駆け上がって」神霊を本殿に返す「神送り」となった。

筆者の目には、神輿を担ぎ慣れない、このために駆り出された多くの都会生活者の担ぎ手が、石段をよろけそうになりながら上っている様子に見えた。実際に、羽織袴の菅浦の古老（おそらくかつて神輿を担いでいた）が、手を差し伸べそうになるほどであった。神事が終わった後、集落の西にある宴会場での盛大な直会(なおらい)へと移った。

いずれにしろ菅浦にとっては、最も華やかで賑やかな祭礼の時であった。

山と湖と家庭工場

「菅浦」は『万葉集』で「高島の阿渡（安曇）の水門を漕ぎ過ぎて、塩津菅浦今か漕ぐらむ」と詠まれている（巻九、一七三四）。八世紀にはすでに塩津と菅浦は、湖北の湖上水運における要地と認識されていた港であったとみられる。

一三世紀前半には、「菅浦供御人等」あてに「供御役」を怠ることなく務めるよう指示した文書など、多くの文書史料等が残されている（国宝『菅浦文書』、「菅浦捕与大浦下庄堺絵図」を含む）。このうち建武二年（一三三五）「菅浦庄供御人等供御役誓約状」によれば、在家数は七二宇（このうち、漁人五）であり、「鯉三〇喉（匹）、麦一石四斗四升、枇杷二駄、大豆一石三斗四升」を貢進していた。

鯉（コイ）は琵琶湖の漁の産物、麦・枇杷・大豆は背後の山地斜面の畑作物である。菅浦は、漁業と畑作の村であった。

明治七年（一八七四）のことになるが、菅浦には「沖曳網」三、「小糸網」二、「打網」一などの漁師が存在したことが知られる。おそらくいずれも伝統的な漁法であったものであろう。沖曳網とは琵琶湖の底引き網の一種で、モロコやエビ漁の漁法であった。小糸網は刺網であり、アユ、ビワマスの漁獲用であった。このほか魞（後に改めて説明）もあって、アユや氷魚（アユの稚魚、早春のみ）の漁獲用であった。

畑作物しか貢進対象に記されていなかったことから分かるように、菅浦には基本的に田地がなかった。ただし菅浦と大浦の中間の「日指・諸河」にわずかな緩斜面があり、貴重な水田が拓かれていた。その田地四町八反のうちの四町五反をめぐって（三反は別の領有）、中世以来、菅浦と大浦荘は係争を繰り返した。膨大な『菅浦文書』には、この相論にかかわるものが多い。

この時期、菅浦は典型的な惣村（構成する家の代表による選出役員が運営する村）を構成し、団結して諸事にあたったことも日本史ではよく知られている。菅浦惣は「上廿人乙名（長男、宿老とも）、次の中之乙名（中老とも）、又末の若衆」から構成されていたことも、この文書群から知られている。

さらに近世には、竹生島僧房へ油桐の実を納入していたことが知られ、背後の山地の新たな産物となっていたものであろう。当時、年貢の三割は「油」が占めていたことも知られている。

明治初期には、「近江国浅井郡菅浦村地検取調総絵図」によって畑が多い耕地の状況が詳しく知られる。畑（畠）が六六町一反九畝一五歩（上畠二二町三反五畝、中畠三二町三反二畝一五歩、下畠六町五反二畝、荒畠五町）に対して、水田が五町四反六畝七歩（中田一町七反四畝七歩、下田三町七反二畝）でしかなかった。しかも畑の過半が「上・中畠」（地味がよく収量の多い畑）であったのに対し、田の過半は「下田」（収量の少ない水田）であった。

このように、菅浦は背後の山の斜面と、集落前面の湖面を利用した生業を展開してきた。表現をかえれば、多様な生業を模索し、組み合わせることで集落が継続してきたといえよう。

一九六〇年には、菅浦住民からのヤンマーディーゼル（長浜に主力工場のある農業機械メーカー）への嘆願によって、「菅浦農村家庭工場」が設置された。もともと多様な生業に、新たな生業を加えたのである。菅浦の家庭工場は三一名（戸）の参加者でスタートし、多い時には六〇名以上が参加して部品生産をおこなった。資材や製品はヤンマーディーゼルの「作業所」との間を船によって行き来した。

畑作（一部水田）とともに伝統的な生業の一つであった漁業には、いくつもの漁法があったが、いずれも漁船が不可欠であり、もともと西の舟入（川、入江とも）、東の舟入を拠点としていた。しかし一九七九年には、滋賀県の新沿岸漁業構造改善事業によって、コンクリート築堤の「菅浦船溜」が新設され、先に述べた船溜となっている。

漁には、魞漁、「すくい漁」、「いさざひき」、刺網漁、「いさざがき」などがあり、ほかに養殖もおこなわれている。魞漁については節を改めて説明したいが、ほかの漁法に簡単に触れておきたい。

「すくい漁」は網でアユ・イサザ・モロコ・スジエビといった小魚などをすくう漁法（前述の沖曳網の系譜か）である。「いさざひき」・「いさざがき」はイサザに、アユ沖すくい網はアユに特化した漁法である。とりわけアユ沖すくい網は、六月ごろに稚アユが沖合で群れとなり、「マキ」と呼ばれる塊をつくる習性を狙って、漁船の舳先に設置された網ですくい取る漁法である。

刺網（コイトとも、前述の小糸網）は、小さい舟によって琵琶湖の深いところでモロコ・アユ・フナなどを獲る漁法である。

いずれの漁法も現在の菅浦では、それぞれ一、二人が従事しているに過ぎないが、前述の明治七年の記録でもそれほど多くない。多様な生業を組み合わせることによって、限られた湖岸の地にある集落が、極めて長期にわたって継続してきたことの一面であろう。

第二節　魞と湖畔の村

湖中に延びる魞、河口の魞

魞は、図4のような特徴的な形状の漁獲施設である。滋賀県企画部作製の琵琶湖岸の地形図によれば、昭和六二年（一九八七）には、琵琶湖に計七六基の魞が設置されていた。南湖の西岸に一基、東岸に五基、北湖では西岸に四七基（海津大崎以南）、東岸に九基、湖北の海津大崎以東の大浦と塩津の湾入部に一四基であった。全体として、南湖東岸と北湖西岸に多くが設置されていた。ただし後に述べるように、現在も残

図4　魞（長浜市教育委員会提供）

るのは半数ほどである。

魞には大きなものも小さなものもあったが（図5）、湖岸から浅い水面に、沖へとまっすぐ延びる部分（三五〇〜四五〇メートル）と、その先端につくられた、丸みをおびたツボと呼ばれる部分とからなっていた。典型的には、茸や開いた傘の断面のような平面形である。橋本道範は図6のような詳細な構造と各部分名（西ノ湖の例）を図示している。

伝統的に魞は、水深七メートル程度より浅い湖底に立てた竹の杭と、割り竹をシュロ縄や藁縄で編んだ竹籠のような簀（す）（幅一四〜一六メートル）を組み合わせてつくられていた。最近では材料が工業製品に替わり、ＦＲＰ（強化繊維プラスチック）製の杭と網でつくられ、もっと深い水深の場所でも設置が可能である。とはいえ、遠浅となっている浜に設置された魞の方が一般に漁獲量が多いという。

魞には、フナ・コイ・ナマズなどの大きい魚を獲る「荒目（あらめ）魞」と、コアユ・モロコ・エビなどの小さい魚を獲る「細目（ほそめ）魞」の二種類がある。

橋本はさらに、図6のような「カワエリ（川魞）」と称する別形態の魞の構造も図示している。川魞は、河口付近に設置される魞であり、後に述べる「近江国下八木村図」に記入された魞のような位置が、これに相当するものであろう。

いうまでもないが、これらの魚はさまざまな形で食される。フナ（特にニゴロブナ）はい

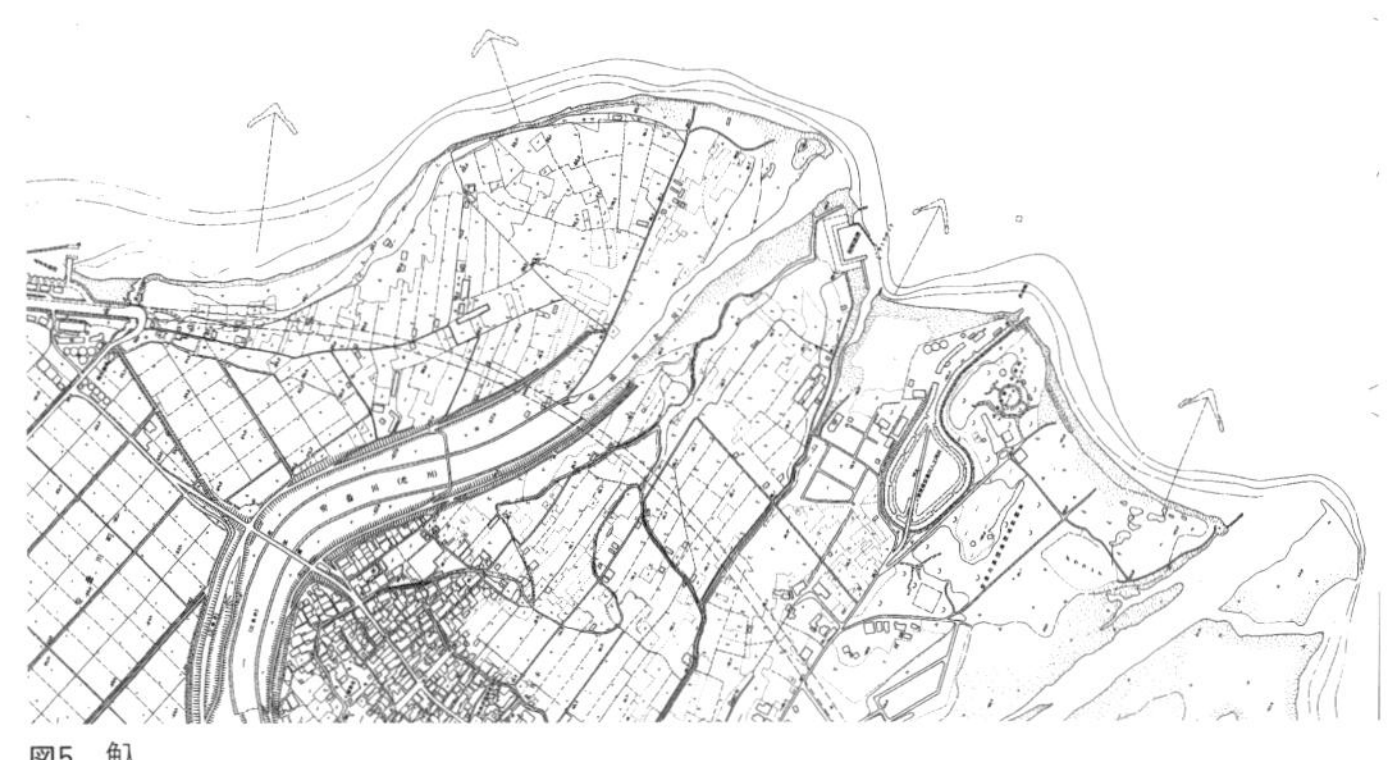

図5　魞

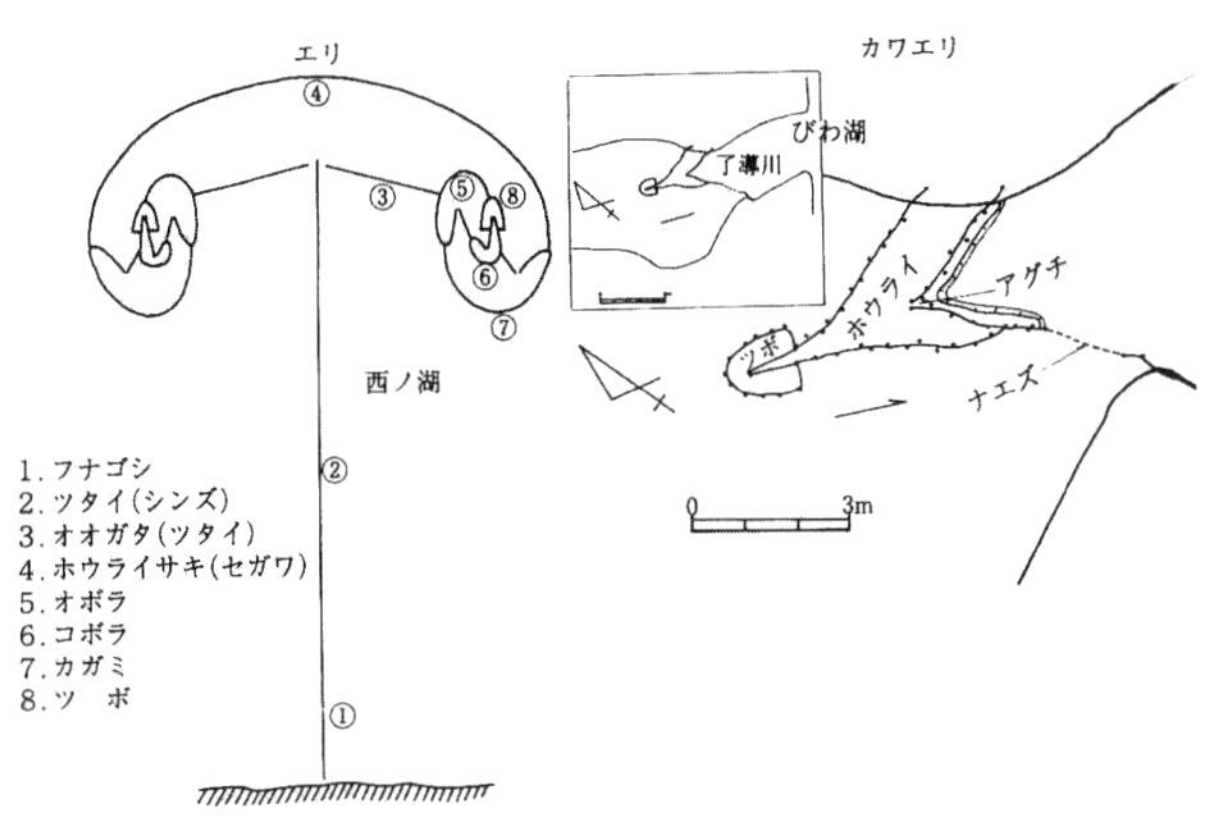

図6　魞の形態と部分名称(橋本道範による)

ったん塩漬けとし、塩を抜いたうえで飯(いい)とともに時間をかけて発酵させ、滋賀県特有のなれ鮨の一種、鮒ずしに加工される。コイはアライや甘露煮に、ナマズは照り焼きや甘露煮などになる。エビは基本的に飴炊き用であるが、しばしば大豆と煮合わせたエビマメとなる。

またコアユやモロコは、醬油炊きや飴炊きに加工して食されるが、もちろん大きいものはそのまま塩焼としても食卓にのぼる。

ただしアユは大きくなると川に遡上するので、成長したアユの漁には川に設置された簗の出番となる。簗は図7のように川を横断する竹製、あるいは竹と網を組み合わせた施設をつくり、遡上してきたアユを網で受けるか、脇の魚道部分に誘導して捕獲

図7　簗（高島市教育委員会提供）

する。

琵琶湖の内湖には、魞のほかにも図8（西の湖西端付近）のような水中施設が見られる。間隔を置いて、列状に並んだ細い杭の下では、イケチョウガイが養殖され、淡水真珠が生産される。アコヤガイの海水養殖真珠と異なり、真珠の核を入れず、外套膜にメスで穴をあけて、他の貝の細胞片を入れることで真珠ができる。さまざまな色や形の真珠ができて、一九七〇年代には約一〇〇社が年六トンも生産し、ほとんどが輸出された。現在ではわずか数軒の小規模な生産となっている。

図8　イケチョウガイ養殖施設

魞の設置と魞漁

湖岸に沿って泳いできた魚は、魞のまっすぐな部分に遮られて沖の方へと方向を変え、先端のツボの中に入る。ツボの中では、魚は同じ方向に回って泳ぐ習性があり、外には出ないという。ツボに張った網を上げるか、ツボの網にタモ網を入れてすくえば、溜まった魚を獲ることができる。

伝統的には、魞は湖岸の農地の地先に設置され、農地と同じように毎年手入れをしながら半農半漁の生活の資となってきたものである。

魞漁は通常朝早くおこなわれるが、船で天ぷらなどにして提供する、近年の観光船の場合などはこの限りではない。

氷魚（早春のアユの稚魚）やコアユは、基本的に注文のあった量の漁獲があれば終了する。漁獲量は所属の漁業協同組合へ報告することになっている。

魞を設置するのは一一月下旬ころであり、通常は明年八月まで漁を続けることができる。しかし魞の設置には、近年では一基に一五〇〇万円以上を要し、漁船も大きめだと一艘三〇〇〇万円ほどに上るという。魞は一種の定置網であり、魞漁業の設備投資額は大きい。以前は個人か数軒単位のグループによって設置した例が多かったが、今では個人のものがほとんどであるという。

魞の設置場所は、漁師が決めて滋賀県に申請し、県が認可をすれば設置可能となる。現在は、琵琶湖全体で四〇～六〇ヶ所（先述の一九八〇年代の半数ほど）であるという。先に述べた菅浦の場合は、個人経営の一基のみである（二〇二〇年）。

魞漁業の最盛期は一九六〇年代ころであったが、その後、魞は減少した。高度経済成長期とも称されるこの時期、内湖の干拓が急速に進行して湖岸の環境が大きく変わった。また工場排水や化学肥料、合成洗剤など、各種の排水問題も絡んで琵琶湖の水質汚染が進み、一時的に魞漁の評価が下がったこともあった。以後水質改良を目指して、家庭の合成洗剤の利用や、農業の化学肥料などの多量使用を控える、滋賀県をあげての運動がおこなわれた。また流域単位の下水道浄化施設の設置も進んで水質汚染が収まった。

水資源開発と社会基盤整備を目的とした琵琶湖総合開発事業（一九七二～九七年）の際には、漁業への補償金が支給され、その機会に漁を離れた漁師もあった。

このような経過をたどり、ピーク時に比べて少なくなったとはいえ、魞は琵琶湖の湖岸付近における伝統的生業にかかわる、非常に特徴的な文化的景観である。

歴史上の魞と湖畔の村

中世・近世における魞は、現在から見れば規模の小さなものが多かったが、その数は非常に多かったとみられる。

先に琵琶湖岸の陸化が進んだ事例としてあげた、また橋本の分類に当てはめれば、立地条件からして「カワエリ」の形状の魞であろう。下八木村（長浜市）の場合、慶長七年（一六〇二）の「近江国下八木村図（写）」によれば、小河川の琵琶湖河口付近に「もろこ魞、野ぎり魞、なか魞、二ノ魞、南魞、あら魞」という六ヶ所の魞が記入されている（図9）。

このような多くの魞の存在は、佐野静代によっても報告されている。佐野の復原図によれば、家棟（やのむね）川河口に近くにあった野田内湖には、天明二年（一七八二）に七ヶ所の魞があった。すぐ西側の須原内湖には、安治（あわじ）村と須原村（野洲市須原）との相論となっていたものを含めて、一一ヶ所の魞があった。いずれも内湖やそれに続く水路に設置されたもので、「村エリ」（「地下エリ、惣エリ」とも）」と称する共有の魞であったとされる。

これらの魞は、村の湖岸（地先）に設置され、農業と併せて経営されていたものであろう。右に触れた下八木村の場合、かつて魞の設置場所だったところが河川がもたらす土砂によって陸化し、水田化されて、魞名が地名となっていった経過が知られる。

ところで、干拓されて姿を消した大中之湖の西には、奥嶋と呼ばれた地区（近江八幡市島町・北津田町・中之庄町）があり、現在では一社となっている大嶋神社・奥津嶋神社が、魞

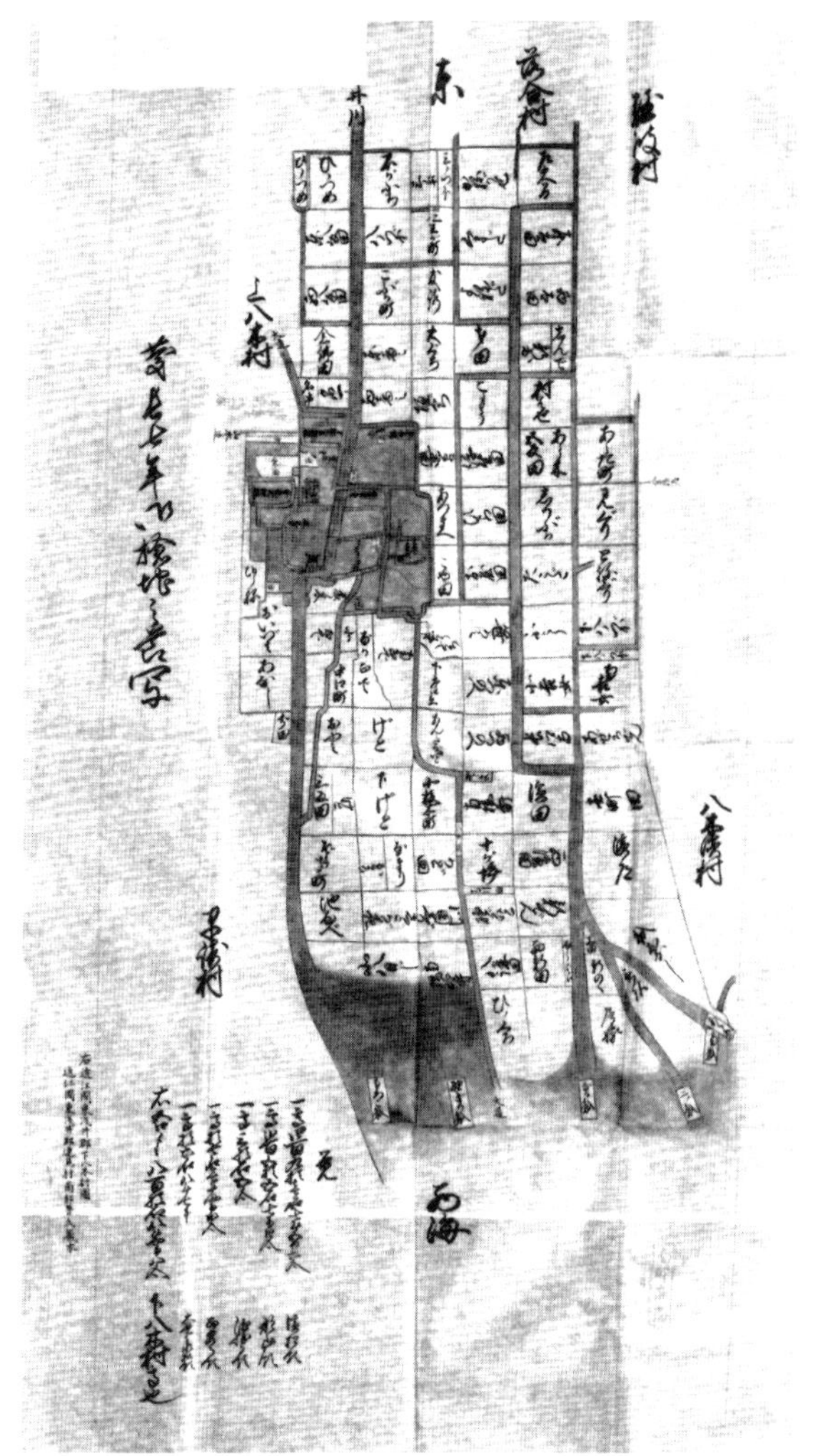

図9 「近江国下八木村図（写）」（西岡虎之助編『日本荘園絵図集成』下、東京堂出版 所収）

にかかわる中世文書を数多く伝えている。

その中には、仁治二年（一二四一）に荘園の預所（あずかりどころ）（荘園の管理者）が、百姓等に示した「当御庄（奥嶋荘）内新江利（ない）（新魞）」にかかわるものがある。橋本の解読によればこの新魞は、荘園の「下司（げす）（荘官の一種）」が新魞の設置禁止区域内に新設したもので、そのために「百姓等」が網による漁労活動を停止したとしている。

また永仁六年（一二九八）の御教書（みきょうじょ）にも「土民等私江利（魞）」をめぐる記述がある。やはり橋本によれば、次のような経過であった。

大嶋神社の供祭（ぐさい）の料所が損なわれたので神供（じんく）を捧げることができなくなった。そこで神主が訴えた結果、先年のごとく「私江利」を撤去することが認められた。神主と北津田・奥嶋の二村が協議して、この「私江利」を撤去し、供祭の費用を捻出するための魞を所々に設置した。ところが隣村の中之庄の沙汰人等（代表者等）がその魞を破壊した、というのである。

仁治二年の事件は、下司による禁止区域での新魞の設置が「百姓等」の反発を買ったか、新魞によって従前の漁労ができなくなったかのいずれか、あるいは両方であろう。

永仁六年の経過は、神主・北津田・奥嶋の三者（中之庄をはずして）によって協議をして「私江利」を撤去し、ところどころに新しい魞を設置したが、中之庄が反発してこれを破壊した、というものである。

いずれの場合も、魞の新設が「百姓等」の漁労に大きな波紋を投げかけたこと、また、魞の新設が村単位の協議によっておこなわれ、その破壊もまた別の村単位の行動によってなされていたことになろう。農業の基盤である田と、その地先で漁をし続けることのできる魞は、村落の共同体にとっていずれも重要な生活・生業の手段であり、その帰趨は村の重要事であった。

大嶋奥津嶋神社文書には、さらに次のような、魞の売買をした例が含まれている。元徳元年（一三二九）に、奥嶋荘内の「字白部」に設置された「はくちきの□□の江り（魞）」を二貫八七〇文で売り渡した例と、建武元年（一三三四）に、「佐々木御庄北方」と「白部の内字はくちの大明神」の田および「あぢゑり（魞）」を同時に売却した例である。

これもまた、当時は田と魞が、共同体内部において類似の価値を有する不動産であったことの実例であろう。

一方、先に紹介したような現在の魞は、ほとんどが個人による設置である。菅浦に一基だけ設置されている魞もそうであった。現在の魞は、設置のための資材が変化し、また大型化しているだけではなく、湖畔の集落との関係も大きく変わったことになる。

第二節　ヨシ帯の文化的景観——西の湖

湖畔のヨシ帯

琵琶湖の本体や内湖の湖畔には、現在でも広大な葭（以下ヨシ）原があり、ヨシ帯と呼ばれることもある。代表的なヨシ帯は、湖北の長浜市尾上（おのえ）町付近、湖南の守山市赤野井付近の湖岸一帯、湖西の高島市の安曇川河口付近の湖岸などであり、内湖である西の湖（近江八幡市）にも広大なヨシ帯が広がっている。

ヨシ原には、オギ（荻）原・ヤナギ林など陸生植物の叢生が混在していることも多い。また、湖岸や内湖の水面に広がる「水ヨシ帯」と、内陸側にあってほとんど冠水することのない「陸ヨシ帯」があり、生態がかなり異なっている。

水ヨシ帯では、ヨシが浅い水底にびっしりと根を張り、また増水時には水面が上昇するために、競合する陸生植物の繁茂が抑制される。その結果、相対的に純粋なヨシ原となっているのが普通である。

水ヨシ帯はまた、沿岸の湖水の流れを弱くして水の汚れを沈殿させ、水中の茎や土中の微生物によって汚れを分解するとともに、ヨシ自体が水中の窒素やリンを栄養分とするために、湖の富栄養化を防ぐ効果が大きい。いわゆる浄化作用である。琵琶湖はもともと貧栄養湖であるが、富栄養化が進むとアオコや水草の異常発生・繁茂などの現象が起こり、水質・環境の悪化と、漁業資源への悪影響が生じかねない。

さらに、水ヨシ帯は浅く静かな水域であるため、いろいろな魚類の稚魚の成育場所としての機能も大きい。

これに対して陸ヨシ帯は冠水の頻度が低く、ヨシと競合する陸生植物が淘汰されにくい。その結果、放置しておくと他の陸生植物が繁茂し、ヨシの植生が健全に維持されず、衰退する可能性が高い。

この陸ヨシ帯の維持のためにとられてきた手段が、伝統的な「ヨシ刈り」と「ヨシ焼き（火入れ）」である。春に芽を出して三〜四メートルに生長し、枯れて葉を落としたヨシを、年末ないし年明けから早春にかけて刈り取り、選別してほかのものを除き、束にして蓄える。一方、ヨシを刈り取ったヨシ原に火入れをして一面を焼く。火入れは、害虫を駆除するとともにヨシの新芽の成長を促す役割があるとされる。

かつては多くの村人による共同作業あるいは雇用労働の場であり、季節の風物詩ともなっていた作業である。現在ではヨシ刈りにトラクターを使うなどの機械化が進んでいる。また、労働力不足を補う募集に応じたボランティアや、環境保全の学習をする生徒たちが、ヨシ帯の維持にかかわる作業などに参加している。

ヨシ帯とは本来、自然の植生である。しかし、このように人間によって手入れをされたヨシ帯は、明らかに人為的な栽培地としての存在であり、人々の生活や生業と深くかかわっている。ヨシ帯を文化的景観として見ることができる所以である。

ヨシの利用

ヨシを刈り取り、火入れをするのはヨシ帯の維持のためである。しかし、刈り取ったヨシを蓄え、加工して、そのヨシで屋根を葺いたり、ヨシ簀(ず)をつくったりして利用し、あるいは祭礼等に使用する松明(たいまつ)とするためでもあった。

滋賀県の多くの地域では伝統的な屋根材料に、野に生える茅ではなく、湖畔に生育するヨシを用いた。厚く葺き重ねた葭葺は、見た目にも重厚な趣がある。図1のような菅浦の四足門も葭葺であり、かつて須賀神社の御供所も葭葺であったことはすでに述べた。

葭葺の屋根の葺き替えは、一般的な茅葺と同様に、ほとんどが手作業である。この労力の多さが、葭葺屋根が減少した一つの理由である。時間が経過して古くなり、葺き替えの時期が来た頃には、葭葺の表面が風化して、ボロボロと折れるようになるという。かつて葭葺屋根は広く普通に見られたが、現在では非常に少なくなった。減少のもう一つの理由は、特に建築基準法（第二二条）によって、防災のために、原則として住居建築の葭葺屋根は許可されないことである。

よく知られているヨシ簀とは、ヨシをスダレのように編んだものである。細いヨシでもスダレにはなるが、一般にヨシ簀と呼ばれるのは、普通のスダレに比べて一本一本が太く、全体に厚いものが多い。

厚いヨシ簀は、日除けにも庭の囲いなどにも使われるが、一般的なスダレのようにヨシの軸が横向きになるように吊るすのではなく、普通はヨシの軸が縦になるように立てかけて使われる。ただし日陰をつくる覆いの場合は、枠の上に平たく並べて陽光を和らげる。

かつてヨシ簀の典型的な利用には、抹茶などの高級な宇治茶を生産する「覆い下茶園」のヨシ簀（必要に応じてヨシ簀の上に藁を被せた。現在はカンレイシャという化学製品）があった。ヨシ簀を枠の上に並べて陽光を調整し、柔らかな茶葉を育てていた。京都をはじめ、全国各地で使用されたヨシ簀の流通には、近江商人がかかわったという。

これらのほかにもヨシはまた、夏用の簀戸（すど）や衝立（ついたて）など、建具や家具にも使用されている。小さいものでは筆鞘（さや）（毛筆のキャップ）にも使われた。現在、環境学習に参加した生徒たちは、ヨシ笛の制作と利用を体験していることが多い。

西の湖のヨシ

西の湖（近江八幡市）は、現存する内湖の中で最大であり、総面積二二二ヘクタールに及ぶ。かつては、琵琶湖最大の内湖であった大中之湖の南西部に接続していた。干拓によって大中之湖が姿を消し、現在の水面は孤立しているが、北西部から流れ出る長命寺川によって琵琶湖と接続している。西の湖の西部には南から蛇砂（へびすな）川が流入し、湖の西部と北部に特に中州（島）が多い。

図10のようなヨシ原は、西の湖の湖岸付近やこれらの島に多く、滋賀県の調査によると、平成四年（一九九二）には約一〇九ヘクタールに及び、西の湖のヨシ原もまた、琵琶湖岸で最大規模であった。

平成一一年（一九九九）の調査（近江ウェットランド研究会による）では、ヨシ刈りがおこなわれているのは、内湖の湖岸や島の周囲など直接水面に接している部分（水ヨシ帯）では

図10　西の湖西部のヨシ原（近江八幡市提供）

なく、やや内陸の部分（陸ヨシ帯）が中心であることも明らかになっている（口絵1）。

もとより刈り取られるヨシは、すでに述べたように少なくなったものの、今でもヨシ簀や、葭葺文化財の維持に利用されている。西の湖は、残った内湖で最大であるばかりではなく、伝統的なヨシ帯の維持と利用が継続的におこなわれている場所でもある。表現をかえると、文化的景観としてのヨシ帯が見られるところといってよい。文化的景観とは、その地域の環境に対応しつつ伝統的に形づくられてきた生活と生業を物語っているものである。

文化的景観が文化財の種類に加えら

れたのは、平成一六年（二〇〇四）に文化財保護法が改正された直後であった。実は、この改正後において、国選定の重要文化的景観の第一号となったのが西の湖のヨシ帯であり、平成一七年度（一八年一月）のことであった。

選定名称は「近江八幡の水郷」であり、翌年度と翌々年度に追加選定が加わって、水面とヨシ原、集落（近江八幡市白王・丸山）と農地・里山を含む、湖畔一帯の伝統的な生活と生業の在り方を評価したものであった。

ところが当初の選定は、西の湖西半の部分（当時の近江八幡市域）のみであり、東半の部分（当時の安土町域）は未選定という、西の湖を直線の行政境界によって区分した不自然な選定範囲であった。

もともと旧安土町常楽寺・下豊浦は、漁業、水鳥猟、藻取り、ヨシ刈り、舟運などについて、旧近江八幡市域の中の湖岸諸村などと境界をめぐって争ったことが確認されている。このような多様な利用について、明治五年（一八七二）に、滋賀県が「湖辺御改正」をおこなった結果、権利関係の流動化が起こり、他村による西の湖の利用がおこなわれた例も知られる。特に藻取り（水田の肥料用）が問題となり、ヨシ原の維持ができないとの訴えがあった。

旧常楽寺村は、享保九年（一七二四）に丸子船（舟運用）一一艘、小ヒラタ舟（平底舟）一四九艘を擁し、舟運・漁業などにおいて西の湖西岸の八幡に次ぐ拠点であった。下豊浦村には天保三年（一八三二）に丸子船二艘、小ヒラタ舟六艘などの漁船一六艘、田地養船（農作業用の舟）三三五艘などがあったことも知られる。常楽寺・下豊浦のいずれもが、多様な生業を展開していたことの反映であろう。

近世には領主によるヨシ地（原）の検地は実施されていないが、ヨシ地の利用が認められている文書が残り、そこには利用権の売買の文書も含まれている。西の湖では、永代売買と年季売買が知られており、年季売買には入札制度をとる場合もあった。西の湖西北岸のヨシ屋が東岸の平井（下豊浦村内平田）のヨシ地を落札した例も知られ、ヨシ利用権の範囲が西の湖全体を対象としていた一端も知ることができる。

また近世や明治期において、常楽寺の沙沙貴神社と、下豊浦の活津彦根神社へヨシ（松明用など）を寄進した事例をも確認することができる。

平成二二年（二〇一〇）三月に安土町と近江八幡市が合併して新たな近江八幡市となり、西の湖の東半部にも選定範囲を広げて追加する手続きが進められ、令和三年度に西の湖全体が重要文化的景観の選定範囲となった。

ヨシ問屋

西の湖北岸の丸山町や東岸の安土町常楽寺（現在はいずれも近江八幡市）には現在もヨシ問屋がある。ヨシ問屋では、刈り取ったヨシを選別し、束にしてたくさん立てかけ、「丸立て」と呼ばれる形にして乾燥する。それを作業場に持ち込んで図11のように立てかけ、順に太さや長さを用途に合わせて調整する。

丸山町のヨシ問屋（「葭嘉」）は、明治三〇年（一八九七）から昭和初期にかけての記録『西川歳時記』（西川嘉廣氏蔵）を残している。それによれば大正六年（一九一七）には、水田の地主

図11　西の湖北岸のヨシ問屋

でもあったこのヨシ問屋の収入は、九〇人の小作人からの年貢米が約六五五俵、自家消費分を除く売却収入は三五〇〇円（全体を売却したとすれば四九〇〇円）であった。一方、ヨシの売り上げ実収は四二〇〇円であったとされる。

当時の貨幣価格をどのように考えるかは難しいが、小作を九〇人も使った水田稲作の収益と、西の湖のヨシの販売収益がほぼ同等であったことを知ることができる。

さて、春に芽が出たヨシは、青々と四メートル近くまで伸び、秋には穂が出てやがて次第に黄褐色となる。冬となって、葉が落ちて黄金色に輝くようになると刈り取りが始まる。この『西川歳時記』には、ヨシの刈り取りや行事についても記されている。記録をたどってみたい。

刈り始めは、一二月の初子（ね）の日（十二支の子の日、おおむね初旬）におこなう。この日に「葭苅（ヨシ刈り）帳」をつくり、家族全員と従業員（二十数名）が神棚の間に集合して夕食をとる。床の間に、恵比寿・大黒天の神軸をかけ、御酒・神膳（豆腐・二股大根）を供える。

ヨシ刈りは「刈り子さん」によって手鎌でおこなわれた。ヨシの切り株が鋭くとがるので、刈り跡を歩くために、手づくりの下駄が使用されていた。大正五年（一九一六）には、三尺五寸〆（しめ）束（ヨシ束下部の周囲約一〇五センチメートル）の刈り賃が一銭五厘であった。

ヨシの「刈り束」をヨシ地から「葭場（選別する場所）」へ移送する「葭引（曳）き」には、

田舟という平底舟が用いられた。刈りはじめた翌年の三月下旬に、「ヨシ焼き〈火入れ〉」がおこなわれた。

ヨシ場での分別〈「抜き分け」〉、明治三一年〈一八九八〉の記録）はまず長さによっておこなわれ、抜き分けたヨシはそれぞれ適当な場所に積み、注文に応じて出荷をする。出荷は下等品を先にして、上等品を残すようにする。

それが終わった時点で、次のような「ヨシ仕舞」の行事をする。

ヨシ仕舞の日は、作業を午前までとして、午後は休業する。およその勘定〈刈り賃〉を従業員に渡し、賞与として白木綿〈勤勉度に応じて二反～半反〉を給付した。

午後は、主人から順に入浴した後、奥座敷において家族と従業員〈二五～三〇名〉で会食をする。

図12　ヨシの整理作業

奥座敷の床の間には、中央に三社の神軸、両側に恵比寿・大黒天の神軸をかけ、神酒を供える。各神棚へも御酒と餅を供えて御神灯をともす。

親族・近隣および「下男下女」の家に餅を配る。ヨシ仕舞の後、下男は馳走を親里に持ち帰り、一泊して翌日に戻る。

雇用形態が変化した現在では、刈り始めやヨシ仕舞の行事が、このままの形では実施されていない。一方で、一部の作業は機械化されているが、手順は現在も基本的に変わっていない。図12の作業場の様子は、この歳時記に記された工程における、ヨシ仕舞を終えた後の製品製作である。

ヨシ帯の文化的景観はこのような伝統的作業を伴っていることになる。

第四節　カバタのある村――針江・霜降

内カバタと外カバタ

かつて筆者は、湖西の木津荘の復原研究をしていた時期があった。現高島市の針江・霜降・饗庭の琵琶湖岸一帯の陸地が水没したことを究明しようとしていたのである。その中心となった史料は、「木津庄検注帳」（応永二九年〈一四二二〉）、「木津庄引田帳」（年不記載）、「比叡之本庄二宮神田帳」（宝徳三年〈一四五一〉）など、高島郡の条里プラン（古代以来の土地を表示するシステム）によって、一五世紀の木津荘の土地の所在地を記載した史料群であった。

いずれも「饗庭家文書」の中に含まれた史料であり、霜降の饗庭正威氏の所蔵であったが、一九九〇年代の初めころ、饗庭家は東京へ転居されて住居は空き家となっていると聞いた。そこで、当時の新旭町役場（現高島市）を通じて許可を得て、湖西を代表するその

図13　内カバタ（針江、田中三五郎家）

家を見学させていただいたことがある。

旧家のたたずまいや構造を見学したが、その時とりわけ驚いたのは台所であった。筆者の記憶では、切妻平入の民家の南側右寄りにある玄関を入ると、奥へと土間が続き、左側に一段高くなったいくつかの座敷部屋があり、右手に台所があった。その台所には、地下に向かって石段があり、案内してもらった役場の職員に降りてみるように勧められた。降りた先には地下水が湧き出る水面（井戸）があり、コイが泳いでいたので驚いた（図13、別の内カバタ）。

後で聞くと、これはカバタ（「川端」・「河端」などの転訛か）と呼ばれ、豊かな地下水を使って食器を洗ったり、魚を飼っていたりするという。井戸水をくみ上げて使うのであれば一般的な井戸であり、特に珍しくはない。ところが饗庭家の場合は、いうならば台所の地下につくられた生け簀だと、当時の筆者には見えた。つい、「飼うのはコイだけか」と質問したのを憶えている。特にコイが、洗った食器から出る食品の残りをよく食べてくれるのだという。ただし家によってはアユなどを一時的に入れる場合もあるという。いずれにしろ、初めて見た筆者には非常に驚きであった。

この付近一帯は、安曇川がつくった湖西最大の平野の北部に当たる。安曇川扇状地の扇端付近であり、地下水が非常に豊かで、しかも地下水位が高い。饗庭家や図13の田中家のカバタのように、少し掘ればすぐ地下水が出て井戸となる。

これらのカバタのような、民家の主屋の中のカバタは、「内カバタ」と呼ばれている。台所の中そのものでなくとも、主屋内や台所に近い主屋に接したものもこの類型とされる。針江（高島市新旭町）では平成二二年（二〇一〇）に、内カバタが三一ヶ所確認された。

カバタは典型的には、湧水（針江・霜降では「生水（しょうず）」と呼ぶ）が直接溜まる部分を「元池」と呼んで飲料水とし、その下流を「壺池」といって野菜や食器などの洗い物用とする。さらにその下流を「端池（はたいけ）（コイが飼われている部分）」と呼び、さらに下流で川に流れ出る。壺池と端池が一緒になっているなど、分離が不明確な例もある。

図14　外カバタの例

さらにカバタには、主屋内あるいはそれに接した内カバタのほかに、敷地の端付近を流れる地表水を取り込んで石やコンクリートで囲み、そこで食器洗いをしたり、スイカ・麦茶・ビールなどを冷やしたりする「外カバタ」もある（図14）。やはりコイや、時にマス（ビワマス）を養うことが多いという。外カバタには、二方ないし三方を簡単な板壁で囲まれた小屋で覆われているものが多い。外カバタは針江で、三四ヶ所が確認された（平成二二年）。

外カバタには、このような屋根覆いがあるものに加えて覆いがないものもあり、「ロテン（露天の意か）」と呼ばれている。いずれにしろ、各種のカバタは、針江・霜降を特徴づける伝統的設備の一つである。

針江大川沿いの倉庫とモノケ

針江集落一帯は、一辺一町(一〇九メートル)の方格状の道や水路網からなる条里地割(条里プランが地割に反映した形態)が展開する地域である。集落部分では条里地割の形状はやや歪んでいるが、集落は東西・南北五区画分ほどに広がっており、塊状になった大きな集落である。平成二七年(二〇一五)には、世帯数二九四であった。

民家の主屋は、切妻二階建ての瓦葺きが多いが、一部に入母屋のものもある。湖西における多くの集落の民家と同様に、多くは壁が板(焼杉が多い)で覆われている。冬季の風雪への対応である。

主屋の向きは一定していないが、条里地割の方向の道か、集落の東南から湾曲しつつ東北方へと流れる大川(針江大川)の方向を向いているものが多い。主屋には、妻入の場合も平入の場合もあり、東側か南側に入り口のある建物が多い。つまり、家の向きも玄関の位置も、特に一定していないことになる。

当地区に多数ある、先に紹介したカバタは、内カバタであっても外カバタであっても、平野を西から東へと流れる安曇川の豊富な地下水ないし地表水を利用したものである。安曇川にはかつての川跡である旧河道や、旧河道を流れる分流が多く、カバタのほかにもさ

図15　針江大川

まざまに利用されている。

針江を貫流して流れる大川（図15）は、その代表的な旧河道であり、かつて舟運の幹線でもあった。針江には米などを収納する土蔵が多く、「家屋台帳」によれば、昭和三〇年（一九五五）以前建設の土蔵のみで一六棟に及ぶ。土蔵の壁には、白漆喰（しっくい）仕上げを施したものが多数を占め、また主屋と同様に、基本的に板で覆われている。さらに、石積みによって全体を高く持ち上げているものが多く、地下水位が高いことから来る湿気を避けるためと思われる。また、ほとんどすべての土蔵が大川から数十メートルの範囲内にあり、かつて大川の舟運を使って収容・搬出したことを反映しているのであろう。

石積みによって持ち上げた土蔵とともに特徴的なのは、「モノケ（「モノキ」とも、いずれも「物置」の転訛か）」と呼ばれる建物が多いことであり、三二棟に及ぶ（平成二〇年）。モノケには、独立したものも、主屋ないし外カバタの小屋と一体となったものもある。

針江・霜降にはまた、繊維工場であった建物も多い。昭和三〇〜四〇年代には繊維工業が盛んであり、高島縮と呼ばれる撚糸を使った織物が特産であった。工場は平屋・木造・瓦葺き（コンクリート製瓦も）・横板張りに代表される建物で、切妻屋根が多く、針江では五九棟も存在した（平成二〇年）。

生水の郷委員会と針江大川の梅花藻

針江・霜降では、内・外カバタを備えた多くの民家が、水辺の生活を典型的に語るとともに、土蔵、モノケ、繊維工場などといった生活と生業の景観が見られる。両集落は平成二二年（二〇一〇）に、「高島市針江・霜降の水辺景観」として重要文化的景観に選定された。それ以前から、針江の集落における水辺の生活の様相がテレビ番組として放映されていたこともあり、かなりの数の観光客が針江を訪れるようになった。

湖西を南北に縦貫する国道一六一号（西近江路を踏襲）から東へ向かい、針江の集落に入ると日吉神社の前で大川を渡る。その少し東側には、大川沿いに小さな広場があり、広場に面して集会所の建物と、その横に針江生水の郷委員会の事務所がある。図15のすぐ下流である。

集会所は針江の自治会の中心であることはいうまでもない。生水の郷委員会とは、これとは別に平成一六年に始まった住民によるボランティアガイドのグループの中核組織である。

針江を外部から訪れた人は、一定額（一人一〇〇〇円）を支払い、ガイドに案内をしてもらうという地区見学のシステムである。生水の郷委員会が依頼して、前もって見学を了解した民家・カバタや、土蔵・モノケなどを見学することができる。この案内によって訪れた人々は、公共の道と個人の屋敷が複雑に入り組んだ集落の内部を、迷うことなく見学して説明してもらうことができる。

住民の側からすれば、外部から訪れた人が不意に屋敷内に立ち入ったり、写真を撮ったりされることを防ぐことができるという利点がある。

さらにこれらの見学先のほかに、フナずしやハスずし、アユの飴炊きや醬油炊き、エビマメなどの地元産品の販売所を訪ねることもできるし、また予約しておけば、昼食に地元料理（空き家を活用したボランティア活動の一つ）を楽しむこともできる。

これは、何より、外部からの見学者と住民の双方にとって意義のある活動であり、また、文化的景観の維持にも役立っている。今では、自治会と生水の郷委員会との連携や協力も密接に進められている。

大川は図15のように、今では護岸がコンクリートで整備されているが、かつて舟運に使われていた川であり、人々に親しまれた水流であった。親水性を保つために、水辺には降りやすいように段が設けられており、毎年、区によって住民総出の川掃除、川藻の除去がおこなわれている。水中には梅花藻の新しい緑が揺らぎ、季節が来れば水中に小さな白い花が見られる、風情ある景観である。

第二章　舟運と湖辺の道——湖畔の町と村

第一節　湖北の港町――塩津

塩津の集落

琵琶湖の最も東北端に当たる深い入江の奥に、塩津浜と呼ばれる集落がある。西側には日計山（ひばかりやま）（標高四一一メートル）からつづら尾半島へと続く山地が、東側には余呉（よご）湖の南側に当たる賤（しず）ヶ岳（四二一メートル）から続く山塊があって、その間にある南北に細長い平野の東側山麓にある集落である。

この平野は、北の福井県との県境付近から南へ流れる大川の流域であるが、下流域には東から流れ出た大坪川が塩津浜集落のすぐ西寄りを南へ流れ、河口付近に現在の塩津港がある。

塩津浜の湾入は、琵琶湖の北部（湖北）で最も深い。その湾奥から東側の山麓をほぼ北へと向かう塩津街道（敦賀街道）沿いに、図16のような塩津浜の伝統的家並みが続く。家

図16　塩津の町並み

並みの中には、杉玉を吊るした造り酒屋もある。

琵琶湖岸に最も近いこの集落一帯が、かつては塩津浜村（現在の長浜市西浅井町塩津浜）であった。塩津浜村は、村高五四〇石余（明暦二年〈一六五六〉検地）であり、享保九年（一七二四）に大和郡山藩領となった。『大和郡山領郷鏡』には家数一七一軒、人口八一七人であったと記されている。この中には医師二人、職人五人（大工二人、桶屋二人、船大工一人）、酒屋二軒、商人一一人（油屋五人、柴屋六人）が含まれていた。職種からみて単なる農村ではなく、琵琶湖岸の街道沿いの集落であったことを反映したものであろう。

塩津浜はまた、湖南の大津と結ぶ舟運に使用された、丸子船の港でもあった。丸子船とは、大きいものでは五〇～二〇〇トン積ほどのものもある木造の帆船であり、米をはじめ重量物の輸送に活躍した。

塩津には延宝五年（一六七七）一二五艘、元禄九年（一六九六）一一五艘、享保一九年（一七三四）九三艘、寛政二年（一七九〇）九〇艘の丸子船が登録され、それぞれの年の大津が、七八艘、八四艘、八〇艘、四四艘であった（「北淡海丸子船館〈長浜市西浅井町大浦〉」による）。従って塩津は、所属の丸子船数では琵琶湖最大の港であった。

近代に入って明治一三年（一八八〇）刊の『滋賀県物産誌』では、塩津浜が二五四軒、九五二人と記録されているので、近世の状況に比べて軒数・人口ともに増加したものとみられる。『滋賀県物産誌』はこの二五四軒すべてを農家とみなし、「傍ラ物資ノ貨送及ヒ旅籠屋・酒造家・醤油屋等ナリ」としているので、街道沿いの集落として運送・宿泊・醸造等の宿場町的な機能を保ち、現在も見られる景観につながる状況であったといえる。

ところが『滋賀県物産誌』はさらに、「近世マテハ微々タル寒村ニ過キサリシカ、維新以来敦賀港ニ達スル道路ヲ開ラキ、随テ湖上ノ水路皆此地ニ通シ、日ヲ追フテ、繁盛ニ赴キ、汽船ノ往復日夜絶ヘサルニ至レリ」と記している。確かに一七世紀末～一八世紀には丸子船の数が減少気味ではあった。すなわち同書では、近世までは「微々タル寒村」であったものが明治以後に、汽船が就航して「繁盛」に至ったという認識を示している。

幕末には加賀藩が、敦賀—京都間を運河と琵琶湖の水運で結ぶ計画を有していたことが知られるが、この計画も右の動向を先取りしていたものであろうか。加賀藩は実際に、敦賀から笙（しょう）の川を遡り、疋田（ひきた）から深坂（ふかさか）峠（標高三六四メートル、福井県敦賀市—滋賀県長浜市間）を越える運河（閘門（こうもん）式）を建設して大川上流と結び、大川を経て塩津浜に至る計画について測量を実施し、その結果の垂直断面図を残している（新湊博物館高樹文庫「慶応三年四月越前国敦賀ヨリ近江国深坂通リ塩津まで直高図」）。

この計画自体は実現しなかった。しかし、先に紹介した近世の軒数・人口や、明治初期の『滋賀県物産誌』の記述からすれば、塩津浜の近世の状況と幕末・明治初期の状況では機能に大きな変化はないが、明治に入ってより発展し、活況を呈したものであろう。

古代の北陸道と琵琶湖水運

近世の塩津が「寒村」であったかどうかは別として、少なくとも繁華な宿場町や港町ではなかったようである。しかし古代においては、塩津は極めて重要な港であった。古代の北陸道の官道は湖西の平野を南北に縦断していたので、塩津は陸路の官道網からははずれていた。しかし琵琶湖北端の港として、さまざまな記録や規定などに登場する。

例えば藤原仲麻呂の乱の際には、塩津が、越前国へ向かおうとした仲麻呂一行の目的港となった。『続日本紀』天平宝字八年（七六四）九月一八日条に記される、仲麻呂一行の行程は次のようであった。

仲麻呂は謀反の発覚後、平城京を逃れてまず東山道（平城京付近では北陸道と同一）を北に向かい、自らが守（長官）であった近江国府へ入ろうとしたが、孝謙上皇軍に先回りされて勢多橋を焼かれ、それをあきらめた。そこで仲麻呂一行は北陸道を北へとたどり、息子「辛加知」が守を務める越前国府を目指した。その途中の「高島郡」付近での行程は複雑であったが、概要を略述すると次のようであった。

同郡に入ってまず「前少領（高島郡司の前次官）角家足之宅」に「宿」し、そこから「精兵数十」を派遣して「愛発関」に入ろうとした（八世紀段階の若狭国経由の官道であろう）が、それを「拒」まれた。

そこで、「船」に乗って「浅井郡塩津」へ向かったが、「逆風」で「漂没」しそうになって、引き返した。その後は、「山道」（七里半越、現在の国道一六一号のルートであろう）を経て、まっすぐ「愛発関」を目指したが、これも拒まれて八、九人が箭に当たって死んだ。仲麻呂一行は、やむなく北陸道を「高島郡三尾埼」まで引き返したものの、その付近の「勝野鬼江」で「官軍」と交戦し、「潰」れた。

つまり陸路の北陸道とは別に、塩津が越前国（および北陸道諸国）へと結ぶ道（後の塩津街道）へと上陸する別ルート上の港であったことが知られる。

この経路は、古代国家における北陸道諸国からの「交易雑物（こうえきぞうもつ）（税の一種）」の運漕ルートでもあった。『延喜式（主税上）』にはその功賃（運賃）を、例えば越前国からはまず陸路で「比楽湊（ひらがみなと）」へ運び、そこから海路「敦賀津」へ運漕するルートを取った際の費用として記載している。なお、各国の湊から敦賀へと運漕することは、加賀・能登・越中等も同様としている。

ここに記された「比楽湊」は、手取川河口付近と考えられているので、弘仁一四年（八二三）に越前国の北部の二郡を割いて立国された加賀国内である。『延喜式』が一方で加賀国を記し、一方で越前国の港として「比楽湊」を挙げているのは疑問が残る。上記のように、加賀国は『延喜式』の編纂途上の時期での立国であり、未訂正の施行細則が残ったものであろうか。

いずれにしろ越前・加賀・能登・越中等からは、まず海路によって敦賀津へ運漕されたことは間違いない。

「敦賀津」からは陸路で「塩津」に運び、その「駄賃」は「米一斗六升」であった。

「塩津」から再び水運によって「大津」に「漕」び、その「船賃」が「石別（一石当たり）米二升」であった。ほかに「屋賃」一石当たり一升が規定され、さらに「挾杪（かじとり）」六斗、「水手（かこ）」四斗などとされていた。「挾杪・水手」はいずれも船乗りの労賃、「屋賃」は荷を覆う屋根の費用であろう。

「大津」上陸後、そこより「京」へは再び陸路であり、「駄賃」が米八升であった。

これらの規定に見える「駄賃」とは、馬一頭分の荷の運び賃である。『延喜式』の米一駄は、当時の五斗を一俵（約三四キログラム）とした俵で三俵とされたから、一駄は当時の一・五石（約一〇〇キログラム）となる。

これによって費用を算出すると、米一・五石（一駄分）の輸送費が、陸路の敦賀―塩津間で一斗六升、また大津―京間で八升であり、舟運の塩津―大津間の船賃が三升（屋賃を入れると四・五升）となる。琵琶湖舟運の船賃は、両側陸路の駄賃合計の八分の一（屋賃を入れても五分の一以下）で済むことになり、舟運の有利さが際立っていることになる。

なお敦賀より西の若狭国からは、陸路で湖西の「勝野津（先に述べた仲麻呂の乱の「勝野鬼江」付近、高島市勝野町）」に運び、そこから「大津」へと、やはり琵琶湖舟運によった。

塩津港遺跡

現在の塩津港は漁港であり、大坪川の河口東岸にコンクリートの埠頭と防波堤が方形に構築されている（図17）。その位置と、塩津街道の南端との中間において、国道八号の新設工事に関連した発掘調査（二〇一二～一五年）によって塩津港遺跡が発見された。

塩津港遺跡は、塩津浜集落南端における江戸時代の埋め立て部分を取り除いた、現地表の下約三メートルから発見された。江戸時代の埋め立ては、湖岸に高さ三メートルほどの石垣を設けて土砂と石を投入したも

図17　塩津漁港と国道バイパス

のであったが、その下に確認された一二世紀の埋め立て地造成は、これと全く異なった工法であった。

まず中世の護岸は石垣ではなく、「シガラミ（杭に細枝などを交互に絡ませたもの）」や「高密度の杭列」、「斜交した薄板（厚さ一センチメートル弱の薄板を斜めに数枚重ね合わせたもの）」などによる、いずれも高さ一メートルほどの小規模なものであった。

一二世紀の遺構のうち、調査区の中で最も広い区画は、東西一七メートル、南北二七メートルであった。この区画の東側に幅二・五メートルの舟入と推定される水路があり、その東西の湖岸には、一七メートルにわたる高密度の杭列による直線護岸がつくられており、船を横付けにできる埠頭となっていた。

これらの埋め立て地には、掘立柱・薄板壁の建物が具体的な復原が困難なほど密集していたようで、井戸だけでも調査区全体で一七基も検出された。また数万本の箸や、長さ一〇～二〇センチメートルほどに短くなった、一方が炭化した松明の燃え残りが、やはり数万本も検出された。いずれも塩津の繁華であった様相を伝えるものであろう。ほかにも船材の一部、多くの木屑、筏組の木材端部の穴（鼻繰り）をはじめ、丸子船など各種のミニチュア模型など、多数の木製品・木屑をはじめ、鉄鍋や金輪（灯明用の金属製皿）・刀・常滑焼大甕など、さまざまなものが出土している。

これらに加えて、京都系土師器（はじき）皿と呼ばれる、当時京都中心に一般的に使用された食器が多数出土しており、京都との結びつきが強かったことも知られる。これらは先に述べた八世紀、あるいは『延喜式』の時代の遺構・遺物ではないが、琵琶湖水運を通じて一二世紀ごろにも同様の結びつきがあったものと、これによって推測できる。

ところで、先に述べた最も広い区画一帯でも、一〇年も経たないうちに再び埋め立てがおこなわれていた。埋め立て地であった一二世紀ごろの塩津港の地盤が軟弱であり、沈下が著しかったことによるものであろう。

これらの遺構は、現在の琵琶湖の水面下の位置にある。湖面の水位上昇および、圧密（三角州などの堆積地や埋め立て地などの軟弱な土地が、年月とともに収縮する作用、また地震の際などにも急速に収縮することが多い）による地盤の低下によるものであろう。横田洋三は、土嚢（どのう）を積んだような土層が見られたことについて、元暦二年（一一八五）に琵琶湖で発生した大地震によって大きく沈下し、その後にかさ上げ工事がおこなわれた遺構であろうと推定している。

塩津の神社遺跡

さらに、塩津浜集落の西方を南流する大川の河川敷整備に伴う工事によって、一一～一二世紀の神社や祭祀にかかわる遺構・遺物も検出された。場所は塩津港遺跡の約三〇〇メートル西北に当たる。

一一世紀後半ごろの社殿は、三間×二間の南側に庇が伸びる「流造（ながれづくり）」に近い様式であったと推定されている。

一二世紀前半には本殿の中心が東へ一・七メートル移動し、基礎は石敷で構築されている。何回かの改築があったとみられているが、最初の基礎は東西三・一五メートル、南北二・八メートルと推定され、本殿の南側に拝殿が、そのさらに南側の東西に西舎と東舎があったことが分かっている。これら全体の四方が堀で囲まれ、南側中央には入り口があって鳥居が立てられていた。

一方『延喜式（神祇九）』には、塩津神社と下塩津神社が記載されており、一〇世紀には、すでに両社が重要な神社であったことが知られている。しかし、遺跡として発見されたのがいずれかの神社であったのか、この両社以外であったのかは不明とされている。なお、現在の塩津神社は塩津浜集落東方の高台に、下塩津神社は同集落内にある。

神社名は不明であるものの、この神社遺跡の堀跡から多くの起請文（きしょうもん）を記した木札が出土したことで、非常に注目を浴びた。神社跡だけで約六〇〇〇点の木簡（付札、牓示札（ぼうじ）、文書木簡など）が出土しているが、このうち起請文木札は約四五〇〇点で、そのうち一八〇〇点余は文字の判読ができる木札である。

起請文とは宣誓書の一種であり、神仏に誓いを立て、それが嘘であった場合や間違いであった場合に神仏の罰を受ける旨が記されている。発見された起請文は、最も古い年紀が保延三年（一一三七）七月廿九日、新しいものは建久年間（一一九〇〜九九）の年紀が記されていた。少なくともこの間、神社は尊崇を集め、機能していたと考えてよい。重要な港であった塩津と不即不離の存在であったとみられることになろう。

この神社遺跡は地表からはうかがえない。街道沿いの塩津浜集落と南端付近の漁港が、かつての重要港湾の名残である。

第二節　山裾の集落と畑——月出

山裾の景勝地と舟運

琵琶湖北東端の重要港であった塩津浜は狭い河谷の河口にあった。そこから西に山地を越えたところにある大浦（JR永原駅付近）との間を、つづら尾半島が南へと突き出している。四足門のある菅浦の集落が、この半島の先端に近い西側に位置することは第一章で述べた。

月出（つきで）の集落は、菅浦からすれば半島の反対側に当たり、北東方の湾奥に位置する塩津に近い、琵琶湖水面の西岸に位置している。菅浦・月出の両集落とも、琵琶湖北部の水深が深い湖面に臨んでいるが、特につづら尾半島東南付近では水深が深い。その水深一〇〜七〇メートルの湖底において縄文時代から平安時代に及ぶ遺物が発見された。このつづら尾崎湖底遺跡によって、湖北における古くからの人間活動が確認されている。

月出の北方、半島東岸入江の奥の塩津は古代以来の琵琶湖水運の北の発着地として知られており、北陸道諸国との物資往来の重要な積み替え地点であったことは前節で述べた。現在は、塩津から湖岸の山裾の道を南へたどると、車で月出へと行き来することができる。

塩津と同様に、月出もまた水運の拠点の一つであった。例えば延宝五年（一六七七）には、八艘の船の保有が記録されており、「内　六艘　但、八拾石より弐百六拾石積み迄丸小（子）舟」、「弐艘　艜船（以下ヒラタ船）」とある。二六〇石（約九三トン）積を含む六艘の丸子船が登録されていたことに注目したい。二六〇石積とは大型であり、丸子船は基本的に帆を上げて、琵琶湖の南北、東西の舟運に活躍した。これに対してヒラタ船は、沿岸や水路で用いられる平底の船であり、水田作業にかかわって肥料や稲の運送に活用されていた。

丸子船は、元禄九年（一六九六）七艘、寛延四年（一七五一）一〇艘、明和八年（一七七一）に九艘であったと記録されている。先に述べた塩津より少ないが、塩津とともに湖北の重要港であったことは分かる。

東幸代によれば、元禄九年の丸子船七艘の株（もともとは一丸子船所有者が一株）のうち、五艘は「納浦本家株」、二艘は「弟株」とされ、弟株は本家株に「浦銀」を出して舟運に参加したという。丸子船は、塩津の丸子船と同様に年貢米・産物の輸送に従事していたが、後背地がないからか、月出は荷が少なく経営が苦しいと訴えて、積み出し対象の村落や、積み荷の送り先の港との再調整に持ち込んだという。その結果、月出の船が湖北一〇ヶ村ほどからの荷を塩津で積み、湖東・湖南の有力港湾への輸送に参加できることとなったという。

月出には、確かに直接の後背地はほとんどなかったが、丸子船による琵琶湖舟運に広く参加していたことが知られる。近代になると、大正一三年（一九二四）に月出の伴野家（本家）によって、当時では最新型の一二馬力の動力船「菊水丸」が導入され、月出港がその船籍港となったことも報告されている。

なお、月出はその名のように、東から上る月を愛でることができる景勝地としても知られていた。勅撰和歌集の一つ『新拾遺和歌集』七三三（貞治三年〈一三六四〉完成）には、

はるばると　くもりなきよをうたふ也　月てかさきの　海士（あま）の釣舟

と詠われている。

また、かつて中川雲屏（うんぺい）によって「湖中勝景」（天保二年〈一八三一〉）の一つとして描かれた地でもあった。

月出の共有文書中には「松平伊豆守領分近江国浅井郡月出村」と題された絵図（口絵2）があり、湖畔に山が迫った状況と、水辺近くの集落・耕地群が絵画風に描かれている。同

図の中央下に図名が記されているが、この付近の湖岸が月出の集落であり、左側には砂嘴（さし）が突き出した様子が描かれている。この砂嘴に囲まれた部分には現在、コンクリートで建設された船溜があり、もともとの船溜もまた、この位置付近であったのだろう。

この絵図は、道を赤線、畑を黄色、海（湖）を青灰色、山を灰色、集落を屋根型の表現で描いており、ほぼ中央の湖岸の集落から、南北への湖岸の道と、集落背後の峠への道のみが外部へ続いていたように表現されている。特に集落背後の峠への道は、波線で表現されており、絵図中で目立っている。おそらくこの峠越えの道が、村外への主要道であったものであろう。ほかの道はすべて、背後の峠には至っておらず、山腹の麓附近にある畑や山林への農作業・山仕事用の道であったとみられる。

この絵図の作製年は記されていないが、後に述べるように、類似の地図との比較検討によって、一九世紀前半ごろのものと推定される。

山麓の集落と耕地

現在の月出もまた、この絵図に描かれたような姿と変わらず、半島斜面の東側麓の集落であり、神社（日吉神社）・寺院（称福寺）を始め、塀を巡らせ二階建て土蔵と切妻二階建ての主屋からなる堂々たる邸宅や、数軒の入母屋造民家を含む（平成二八年〈二〇一六〉の調査）三〇～四〇軒もの民家があると思われる集落である（図18）。現在では空き家あるいは週末のみ滞在する住民が多く、常住の人々はわずか一〇世帯、人口二一人（令和二年〈二〇二〇〉）に過ぎない。現在、集落の背後の斜面は杉林を中心とした森林となっているが、かつてこの斜面には畑が拓かれていた。

先に紹介した「松平伊豆守領分近江国浅井郡月出村」絵図は絵画的な表現であるが、図内に添付された貼り紙に、字（町村制施行以後の小字に相当）ごとにそれぞれ面積が記載されており、地図としての詳細な内容も備えている。少し煩雑であるが、村の土地利用や集落の変化についてたどっておきたい。貼り紙の図外への貼り直し（おそらく剝がれたもの）を除き、記載内容と字をまず次に掲げておきたい。

図18　月出集落

（畑）

乙部谷（上・中・下畑、計五町二反五畝二七歩）、

大若ノ浦（畑面積略、以下同じ）、

小若ノ浦、

奥谷、

いも尻谷、

池ノ谷、

かると、

（集落）

四反六歩高、

屋敷畑、

宮山、

荒磯道（二町三七反〈マヽ〉）

（山）

奥谷山（三二町二反四畝二〇歩）

まぶし谷山（三四町一反八畝八歩）

この状況から知られる月出村の特徴は、村内の土地が畑（全体で一三町八反強）、神社・集落関係（荒磯道は湖岸の道であろう）、山（六六町四反強）によって構成されていることである。山の面積が圧倒的に大きく、耕地が「上・中・下・下下畑」の四種類だけ（ほかに屋敷畑若干）であり、水田が存在しないことにも注目される。口絵2に絵画的に表現されているように、集落背後の山腹の約一八パーセントが八〜九群ほどの畑となっている。

このような図中の名称の範囲（後の小字に相当）は、谷筋ごとに麓から中腹に向かって設定され、中腹から上が「山」である。

山腹の畑

長浜市には、明治初期の「第四大区浅井郡第二十五小区月出村」絵図などの地籍図類も残されている。

この月出村絵図（口絵3）は、「大区・小区」の名称を記しており、大区小区制が存続した明治四〜一一年（一八七一〜七八）の間に作製された可能性が高い。同図には、湖岸に石垣が描かれており、集落を赤で、山を緑、畑を青、荒地を灰色で彩色している。集落の湖岸には「御蔵」が描かれている。さらに青色部分には、字ごとに次のように耕地面積が記入されている（字に付したカッコ内は、前掲の口絵2における対応部分の記載）。

字乙部（乙部谷、五町二反五畝二七歩）
　畑五町二反五畝二七歩
字若之浦（大若ノ浦、小若ノ浦、計一町四反五畝九歩）
　畑一町四反一畝一二歩
字海道
　畑三町二反四畝九歩
　　屋敷七反二畝二九歩（屋敷畑、七反二畝三九歩）
　　　内六歩郷蔵
字奥谷（奥谷、三町二反四畝二九歩）
　畑三町一反三畝一七歩
字イモ尻（いも尻谷、五反六畝二六歩）
　畑六反二畝九歩
字セックシ谷

畑三反八畝一一歩

字池之谷（池ノ谷、一反八畝六歩）

畑一反八畝六歩

口絵3の月出村絵図は、明治四年の大蔵省布達によってそれ以前の絵図を参考にして作製・差し出しが命じられた絵図であった可能性が高い。滋賀県では明治四年ごろに作製・提出された「耕地絵図」と称される古地図が多かったことが知られているが、それに対応する地図であったと思われる。その理由は、戸長など作製責任者の署名がないこと、山地の記載がないこと、地番の記入がないこと、等である。

参考にした古地図とは、先に紹介した「松平伊豆守領分近江国浅井郡月出村」絵図であった可能性がある。これもまた字ごとに（貼り紙で）面積を記入している。右に記したように、明治の月出村絵図にある「字乙部、字池之谷」の面積と、先に述べた口絵2の「乙部谷、池ノ谷」の面積とは完全に一致する。また「字若之浦、字奥谷、字イモ尻」も極めて近い数値である。字名もまた類似性は高いが、「池之（ノ）谷」を除いて数値が完全な同一例はない。

耕地絵図に対応したと推定されるこの月出村絵図（口絵3）には、字ごとに荒地の面積が記載されている。これによれば、畑面積の総計一四町二反余の四〇パーセントが荒地であった。当時極めて荒地が多かったことが着目される。ちなみに一九世紀前半ごろの口絵2によれば、畑面積は約一一町四反であったから、畑面積そのものは少し増加していた。

また、明治一三年（一八八〇）刊の『滋賀県物産誌』は月出の状況を「道路最モ険悪ニシテ陸運極メテ不便ナレドモ海路能ク通ジテ舟海楫ノ利アリ」と、的確に記している。

さらに、戸数四二軒、人口一八五人、面積八六町余、田四反七畝九歩、畑地七町三反八畝一三歩、そのうち「桑圃（畑）」五町と記載している。山地は「小柴生」が多く、松杉等の立木は「極メテ僅少ナリ」としている。つまり山地の土地利用は大半が灌木であったこと、明治以後に桑畑が増加したことが知られる。

また、明治一五年の『滋賀県小字取調調書』（滋賀県立図書館蔵）記載の字名とその内部の「小字（字の下位の小地名。明治二二年の町村制施行以後においてはこの小字ではなく、字が小字となる）」は次のようである。

乙部　マフシ谷　亀ヶ谷　坪谷　長谷　扇舞　高尾　イハナシ尾　南乙部　馬ノリ　一ツ畑
東方　小若ノ浦　東ヶ崎　ダイラ　横山　東海道　岡　丸山　滝ヶ谷
西方　坂バタ　ビワノコウ　イナバ　中ノ海道　三ノキ谷

奥谷　小拍子　天井谷　奥谷　鷺谷　堂ノ前　大拍子　山田山　コウロ
芋尻　イモ尻　ハチヲ
若ノ浦　大若ノ浦
瀬尽谷　セックシ谷
池ノ谷
蛇回

一九世紀前半、ならびに明治初めころの耕地絵図には見られなかった字として、東方、西方（海道に相当か）、そして蛇回を記し、さらに字内の小地名（小さい文字で表現）を記している。字内の小地名とされているのは、谷などの地形ごとの呼称を書き上げたものであろうか。

このほかにも古地図類は残っており、ここでは触れないが、それらに記載された明治前半における行政単位の変化もまた著しい。

月出の伝統的景観

これらの近世から明治の古地図類によれば、月出は次のような景観であったことを推定することができる。

月出が立地する領域は、つづら尾半島東岸の尾根から湖岸にわたる斜面一帯である。ほぼ中央部の湖岸に集落があり、集落のすぐ南側と北部の沿岸（字蛇ノ曲、『滋賀県小字取調調書』の「蛇回」に相当か）の南から北へ向かって小さな砂嘴が突出しており、そこには小さな内湾が形成されている。古地図によれば集落付近の湖岸には、砂嘴の外側も含めて石積みが施されたと思われる表現がある。

月出の領域（村域）は、北が岩熊村、南が片山村、西が矢田部村・山田村などと境界を接していた。湖岸と集落背後の尾根に向けて道があり、これが主要道であったと思われる。このほか湖岸から山麓斜面へと延びる何本もの道があったが、すべて山腹で途切れており、作業用の道であったと思われる。山腹の地目は、基本的に「山」ないし「山地」であり、「小柴生地」つまり灌木林が多く、一部に「山畑」が造られていたと思われる。

山麓の湖岸近くには畑地が拓かれており、近世末ごろには八～九ヶ所ほどの畑群であったが、明治初期には、畑群の山寄り部分には「荒」（荒地）が多い状況であったことが知られる。『滋賀県物産誌』は、天保年間（一八三〇～四四）に四反ほどの水田が開墾されたとしている。明治九年（一八七六）と記された地図に、畑群の湖岸寄りに一〇筆程度のわずかな水田が描かれているのがそれに相当するであろう。また『滋賀県物産誌』に七町三反余と記されている畑には桑畑が増加していったようであり、明治一三年には畑の七割ほどを占めていた。

集落は中央部湖岸付近の一ヶ所であった。集落の西側の山麓部分には「寺」（現在の称福寺）があり、南側のはずれには「氏神」（現在の日吉神社）があった。いずれも「除地」として無税であることが示されている。氏神の湖岸寄りには「御蔵」があった。口絵2の一九世紀前半の絵図には、この蔵近くの砂嘴の内側に三艘の舟が表現されており、後世と同様にここが船着き場であったことになろう。

民家には入母屋の様式が多く、豪壮な邸宅もあった。集落の規模は明治一三年において四二戸であり、繭・生糸が伊香郡大音（おおど）村へと出荷されていた（琴糸などの生産用）。現在は図18のように景観の旧態の名残をとどめているが、住民が極めて少なくなっていることはすでに述べた。

第三節　水運と街道——矢橋と大津

東海道と東山道（中山道）

琵琶湖西岸（湖西）に北陸道（後に北国街道・西近江路と呼ばれた）が通じていたことはすでに述べた。『延喜式』には穴多・和邇・三尾・鞆結の四駅が記されている。

東岸（湖東）には東海道と東山道（後に中山道）が設定されていた。南から北へ向かい、草津付近で分岐するまでは両道が同一道であり、この共通部分には勢多・岡田駅が設けられていた。分岐の後、東海道は甲賀駅を経て鈴鹿峠から伊勢国に向かい、東山道は湖東を北上し、篠原・清水・鳥籠・横川の四駅を経て不破の関から美濃国へと入った。

古代のこの三道は、はじめ同一道として平安京（九条坊門の唐橋、後に三条大路）から出て、まず東へ向かう。山城国からは逢坂山を越えて、近江国へ入った。このうち東海道と東山道は「勢多橋」を経由して草津方面へと、同じ道をたどったことになる。勢多橋は八世紀にすでに架けられていたが、本書第一節で述べた藤原仲麻呂の乱の際をはじめ、幾多の戦乱等で焼け落ちたことが知られており、橋がない時期や船橋であった時期もあったであろう。

天正三年(一五七五)には、織田信長によって現在の「瀬田橋(唐橋)」の位置に架橋された。その経緯はすでに詳しく述べた(「近江国府補論」『古代景観史の探究』)ので繰り返さないが、古代の勢多橋の位置は、現在の唐橋の少し下流の位置であった(八世紀ごろの橋脚遺構が発見され、琵琶湖博物館に展示されていることも同書で述べた)。

古代の東海道・東山道は勢多橋からまっすぐに東へと向かい、大津市大江六丁目の丘陵上にあった近江国府政庁の南辺から東辺を経て、北へ向きを変えて直行した。南大萱(大津市大萱三丁目)に至って、そこで方向を北東に転じて草津付近に達していた。

信長は瀬田唐橋の架橋とともに、同橋付近の東海道・中山道のルートを、同橋東畔から直接北東方向へ向かい、瀬田・真米・大江・一里山・月輪・野路・草津とたどる、近世のルートへと変更した。さらに同時に、道幅四間(七・二メートル)を基準として整備した。以後の東海道・中山道(旧東山道)は、基本的にこのルートとなった。

江戸時代にはこの東海道・中山道が、江戸から発出する五街道に含められ、道中奉行の管轄となった。近江国へは、中山道が美濃国から入り、柏原・醒井・番場・鳥居本・高宮・愛知川・武佐・森山の八宿を経て草津宿に至った。東海道は伊勢国から入り、土山・水口・石部の三宿を経て草津の宿で中山道と合流し、次宿へと向かった。

草津宿の次宿は、京への前駅である大津宿であった。草津・大津両宿は、琵琶湖を挟んで、ほぼ東西に約八キロメートルの直線距離（このうち、湖上約五キロメートル）であった。ところが、琵琶湖南端を迂回する東海道の瀬田唐橋経由であれば、陸路で約一三キロメートルとなった。距離からすれば、草津宿から西の湖岸に向かって矢橋港に向かい、そこから琵琶湖を舟で大津に向かうのが最短であり、事実この湖上ルートが選ばれることが多かった。

瀬田唐橋を架橋した信長もまた、一方で琵琶湖水運を重視し、安土城築城より前の元亀四年（一五七三）五月、近江へ進出してほどなく大船を建造していた。「舟の長さ三十間・横七間、櫓を百挺たてさせ、艫舳に矢蔵」（『信長公記』）の船であった、と記されている。

しかし湖上ルートはしばしば天候に左右され、特に比良山・比叡山から吹き下ろす強風に遭遇することが多かった。七月、信長はこの船で「風吹き候といへども、坂本口へ推付け御渡海なり」（『信長公記』）と、佐和山の西麓の松原内湖（彦根市）から乗り出し、強風を押して琵琶湖を渡り、湖西の坂本に着けて入洛したという。

室町時代の連歌師宗長は、矢橋―大津間の行程について、強風には直接触れていないが、

「もののふ（武士）の矢橋の舟は速くとも急がば回れ瀬田の唐橋」と詠んでいた。

近世にはこの歌が『醒睡笑（せいすいしょう）』に採録され、これにちなんだ「急がば回れ」との警句が人口に膾炙した。旅路を急ぐなら、風に左右される矢橋からの湖上ルートではなく、確実な瀬田の唐橋を経由する陸路をたどるべき、との歌の趣旨に由来する。

図19　矢橋浦の常夜燈

矢橋浦と矢橋宿

矢橋が、草津―大津間を最短距離で結ぶ途中に位置していることはすでに述べた。矢橋の集落（草津市矢橋町）は、旧草津川河口と狼（おおかみ）川河口の二つの三角州の突出部の中間における、緩やかな湾入部の奥に位置する。現在は琵琶湖の沿岸近くに巨大な人工島（下水処理場および公園）が建設され、矢橋帰帆島と名付けられているが、矢橋の集落そのものは伝統的な様相をとどめている。

矢橋は、かつては矢橋浦とも呼ばれ、琵琶湖に直接臨んだ港であった。「矢橋の帰帆」として、「近江八景」の一つに挙げられた湖畔の情景としても愛でられていた。とりわけ歌川広重が、帆を上げた船が湖上に続く様相を浮世絵版画に描くと、それが広く世に知られるに至った。

図20　矢橋浦の埠頭遺構

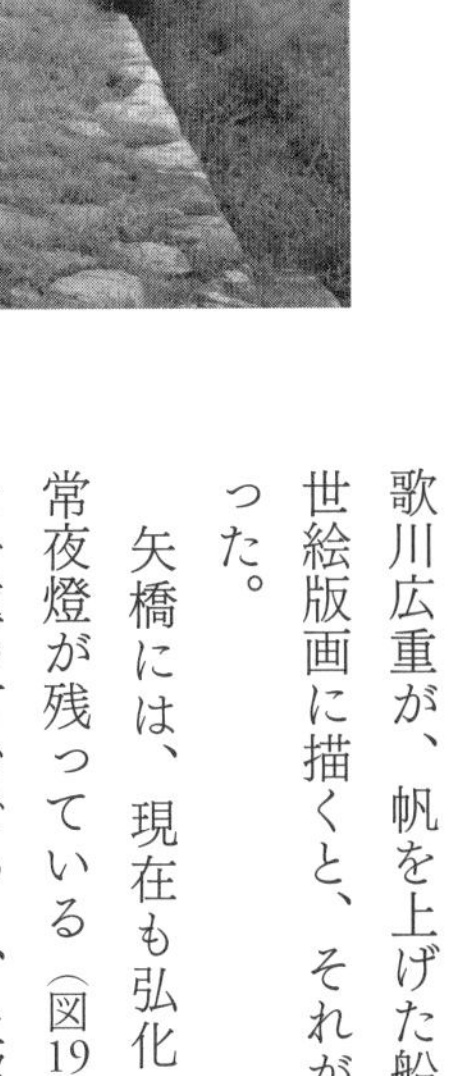

矢橋には、現在も弘化三年（一八四六）完成の常夜燈が残っている（図19）。船着き場に設置された一種の灯台であり、上部には夜間に点灯する火袋が備えられている。

さらに、船着き場の石積みの一部も残っていて、港の存在を伝えている。発掘調査によっても、湖中に約四四メートルも突き出した、二本の船着き場の石積み突堤が確認された（図20）。丸子船など湖水を渡る船への、旅客の乗船・下船、ならびに荷積み・荷揚げに使用されたものであろう。

図21　矢橋街道

寛延四年（一七五一）には、矢橋浦が三二株の丸子船株を所有していたことが知られている（「湖水絵図弁浦々船株覚書」『神田神社文書』）。第一節で述べた塩津が、年次は異なるが九〇〜一二五艘、大津が四四〜八四艘であったから、これらよりは少ない。

しかし同年には、すぐ北の山田浦（草津宿から山田街道で連絡）が一三株、さらに北の志那浦（中山道から志那街道で連絡）が三株などであったから、矢橋浦がこの付近最大の浦であったことを示すものであろう（同年、後に述べる大津は一五〇艘）。事実、矢橋には船代官が置かれ、代官屋敷（船代官芝田清蔵屋敷跡）も残っている。

矢橋は対岸に城を構えた膳所（ぜぜ）藩領であり、天保一三年（一八四二）には家数二八四、人口一一八〇人であった（『芝田家文書』）。

矢橋へは、東海道に道標が立てられた草津宿の南の地点から分岐した矢橋街道（図21、鞭崎神社付近）が通じていた。矢橋は港であったのみならず、宿場でもあった。矢橋街道沿いに、船着き場から「浜之町・弐町目・中之町・四丁目・新町」の五町が並び、その南北に、南裏町六町と北浦町三町（『矢橋村明細帳』）があって、計一四町からなっていた。

船代官であり、同時に実質上の本陣でもあった芝田家の史料『芝田家文書』によれば、矢橋は「人足五拾人、馬五拾匹」を常備しており、東海道の宿場と同等の規模であったという。規模は東海道の宿場における「百人百匹」の半分であったが、『草津市史』はこの数が、矢橋―草津間の矢橋街道のみに対応した人馬数であり、矢橋―大津間が湖上の船であったために半数であったのであろうと解説している。

湖上の「東海道線」――大津長浜鉄道連絡船

大津の丸子船株は、矢橋浦が三二株であった寛延四年当時に一五〇株であったから、矢橋の四倍以上の規模だったことになる。琵琶湖南端では最大の港であり、同時に東海道の京への最終の宿場でもあった。明治時代の『滋賀県物産誌』によれば、「滋賀郡大津街九一ヶ町」からなり、大津市中心の旧市街が、五三八〇戸と記録され、近江国最大の町でもあった。

なお同書には「九一ヶ町」とされているが、近世にはしばしば「大津百町」と呼ばれた。大津の各町は、琵琶湖岸に沿った街道が図22（明治二二年〈一八八九〉測図仮製二万分の一地形図）に記入された石場停車場の東南から、三本に分かれた街路に沿った町並みであった。湖岸から近い街路沿いの浜組（元会所町組）が一七町、次の街路沿いの中町組（中堀町組）が一二町、さらに次の京町組（上京町組）が一三町であった。また、京町組から北陸街道（西近江路）方向への湖岸の街路沿いに石

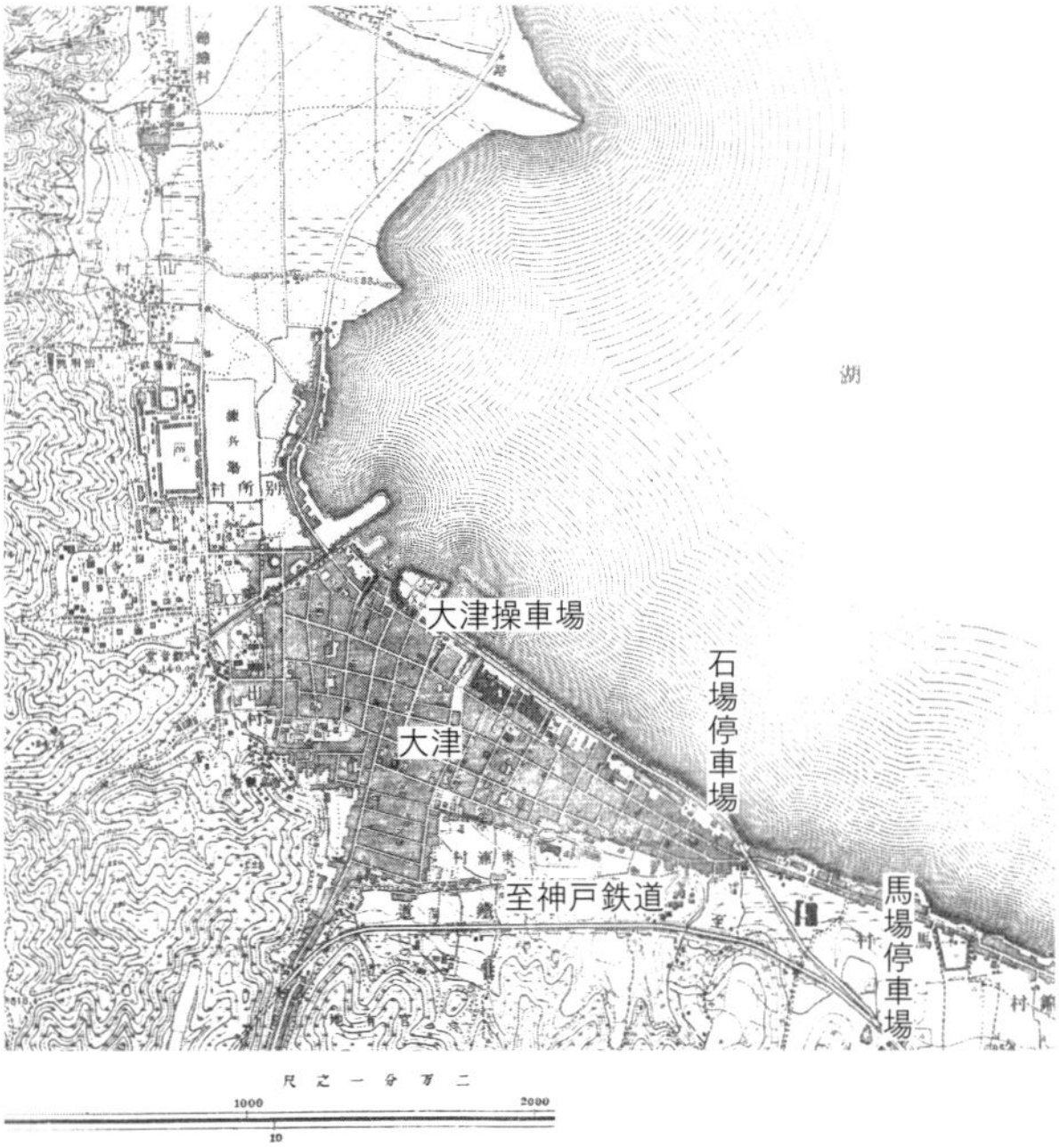

図22　大津付近の鉄道路線（仮製2万分の1地形図「大津」）

川町組一二町・升屋町組一六町があり、大津停車場付近から京都方向への大谷・追分へ向かう山間の街路沿いに八町組（下西八町組）一四町・谷組（下関寺町組）一六町があった。町組（町々の連合組織）は計七組、総町数はまさしく一〇〇町であった。

明治時代になると、日本では鉄道敷設が始まった。新橋―横浜間を皮切りに、東京―京都を結び、さらに大阪・神戸に至る路線が予定された。明治一〇年（一八七七）には京都―神戸間が全通し、翌年、京都―大津間への延長工事が着工された。

この路線は、京都から現在のJR奈良線のルートでいったん東南に向かい、稲荷山を迂回して北東へと転じ、山科盆地を経由して（ほぼ名神高速道路のルート）、東海道の街道沿いに逢坂山に入るものであった。さらに大津市大谷町の蟬丸神社（上社）西方から旧上関寺町南方までの間に、六六五メートルのトンネル（逢坂山トンネル）を掘って大津市街南部に至った。

トンネルを出てからは図22のように東へ向かい（同図には「至神戸鉄道」）、馬場停車場（現JR膳所駅）へと至るルートである。この馬場停車場でスイッチバックして方向を変えたのが大きな特徴であり、湖岸沿いに戻る方向（現在の京阪石坂線）で、石場停車場を経て大津操車場（現在の京阪びわ湖浜大津駅付近）へと向かった。

一方、やや遅れて明治一五年（一八八二）に、湖北では長浜―敦賀間の鉄道が全通した。

同じころ長浜—関ヶ原間も完成し、さらに同一七年には大垣へも延伸された。鉄道敷設の進行とともに、これらが開通する前の明治一二年、鉄道局が大津—長浜間の琵琶湖に長浜丸を就航させた。これをきっかけに、鉄道連絡の権利獲得に向けて舟運業者間の激烈な競争が始まった。

この事態に滋賀県が動き、明治一五年には、湖上の舟運業者が連合して太湖汽船会社を創設し、湖上水運に当たった。太湖汽船は創立当初、一八艘、計一〇二五トンの船舶を所有していた。翌年には鉄鋼船（第一太湖丸五一六トンなど）を建造し、湖上の各地を結ぶ航路に就航させた。特に大津—長浜間では、鉄道連絡船として開業し（旧長浜駅舎が現存）、大津は乗り換え・積み替え地として栄えた。

この時点では湖北と湖南の鉄道が直接連絡しておらず、後の東海道線はまず、湖上水運を介して湖南の大津と湖北の長浜の各停車場を連絡したのである。水陸交通の接点となった大津は大いに発展し、明治二〇年には人口二万三二四三人に達していた。同二二年、町村制が施行され、大津町として発足した。

この年には、湖東の陸上の鉄道が全線開通し、いわば本格的な鉄道の時代に入った。その後も太湖汽船は、塩津や月出などの節で触れたように、依然として湖畔の各地を結ぶ湖上交通に活躍したが、主役は次第に鉄道へと移った。

第四節　内湖の湖畔集落——伊庭

伊庭内湖と大中之湖

伊庭の集落（旧近江国神崎郡伊庭村のうち）は現在、滋賀県の湖東地方中央部に当たる東近江市（旧能登川町）に属する。愛知川中流域の琵琶湖東岸である。旧北・南五個荘村の宮荘・金堂集落付近から流れ出る瓜生川（下流の伊庭では伊庭川）が、琵琶湖最大の内湖であった大中之湖に注ぎ込んだ河口付近に形成した三角州の先端に位置する。西方へ突出したこの三角州は、正確には、北西部が大中之湖、南西部が伊庭内湖に面していた。従って伊庭は、かつては大中之湖を経て琵琶湖に通ずる位置にあり、琵琶湖水運に直接結びつく立地条件にあった。

琵琶湖の湖岸には、沿岸流によって形成された砂堆（湖岸に帯状に砂が堆積したもの）の背後、琵琶湖へ流入する河川の堆積の及びにくい場所に、多くの内湖（付属湖）が形成され

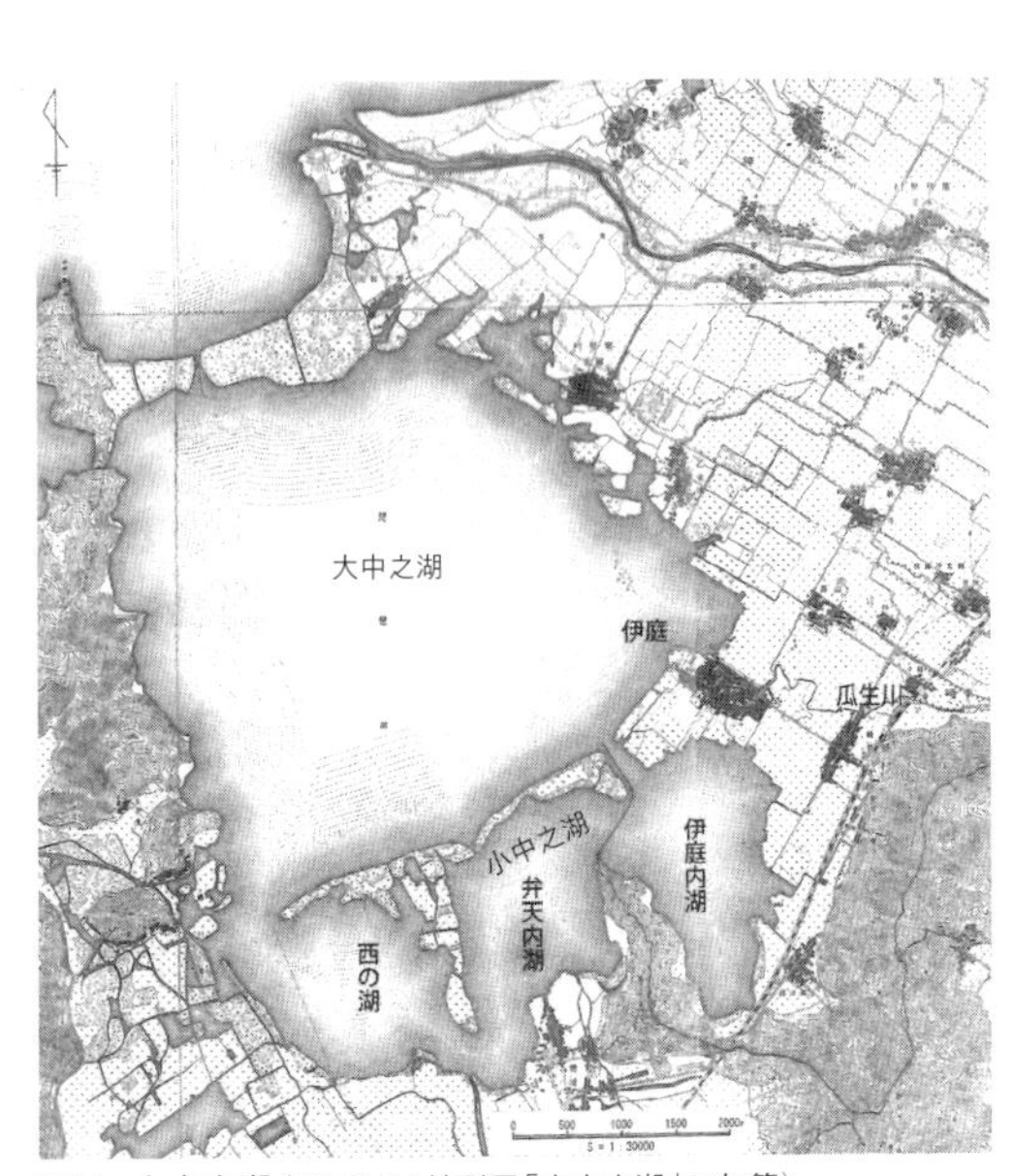

図23　大中之湖（2万分の1地形図「大中之湖」に加筆）

ていたが、その中でも最大のものが大中之湖であった。

大中之湖は、図23の明治二六年（一八九三）測図の二万分の一地形図のように、北側の砂堆によって琵琶湖本体と画されていた。また、愛知川から見て繖（きぬがさ）山（観音寺山とも）の山塊の山陰に当たり、愛知川の堆積が及びにくかった部分でもあった。

大中之湖南部には、ほぼ東西方向にもう一本の砂堆が延びていて、大中之湖を区切っていた。この砂堆の南側が伊庭内湖・小中之湖・弁天内湖と称された部分であり、これらの内湖群の西側は西の湖と呼ばれている内湖であった。大中之湖は昭和二一年（一九四六）から干拓が始まり、同三九年には竣工したが、現在はこのうち、大中之湖の東南の一部分と旧伊庭内湖の北端部が伊庭内湖として、また西側の西の湖の大半がほぼ旧態のまま残っている。

伊庭集落が立地する三角州をつくった瓜生川（下流は伊庭川）は、大きく屈曲しつつ繖山の東から北側を迂回し、西方へと曲がりくねりつつ流れて伊庭集落の中央部に至っていた。伊庭集落の旧村域は、この河道沿いに湖岸から東へと延びて、繖山北西端の西側斜面を含んでいた。この部分は、伊庭山（標高二四四メートル）と呼ばれて、そこに鎮座する繖峰三神社と望湖神社の祭祀には、伊庭集落が深くかかわっている。

大中之湖および隣接した内湖群は、干拓されてほとんど陸地となっているので、現在の伊庭集落は、先に述べた伊庭内湖と呼ばれる干拓し残された水面に接している。伊庭川も直線化されて集落の北東方を流れているが、集落の内部には現在でも、伊庭川旧流路ならびにそれとつながる多くの水路が巡っている。

干拓と河道変更によって、伊庭を巡る環境は大きく変化した。かつての伊庭は大中之湖の湖畔にあったことを念頭に置いて、まず、伊庭の集落の性格にかかわる史料を紐解いてみたい。

湖畔の大規模集落

伊庭の集落内でまず目に付くのは、多くの水路が巡っていることであるが、集落中央付近にある謹節館と称する公民館も目に付く存在である。その前身をたどると、江戸時代に伊庭は幕府領であったが、元禄一一年（一六九八）に旗本三枝氏の知行地となって陣屋が置かれた。その場所に戸長役場（明治一一年郡区町村編制法による）が置かれ、当時の伊庭村（明治五年、全体で二七五〇石、八三〇軒）、枝郷であった能登川（六〇六石、一八五軒）・安楽寺（三二八石、三九軒）・北須田（二五一石、八四軒）の中心であった。明治一三年（一八八〇）には、これらが正式に分村して別々の四村となった。

『滋賀県物産誌』は明治一三年刊であり、同書は明治一一年の統計を収載しているが、旧伊庭村についてはは分村後の四村それぞれを記載する。同書によれば、神崎郡伊庭村は、分村後も依然として、戸数四九六戸、人口一九八四人に上る大規模な村であった。この規模が、琵琶湖周辺においてどの程度だったのか、まず、当時の滋賀県における大規模な町村を概観しておきたい。

当時の滋賀県の町村数は、二九〇町・一三八八村、合計一六七八だったが、そのうち三〇〇戸以上の町村は、一・八パーセントに当たる三〇町村でしかなかった。

最大は「滋賀郡大津街九一ヶ町（大津市中心の旧市街）」の五三八〇戸、次いで順に「犬上郡彦根（彦根市）」の四九六四戸、「坂田郡長浜村（長浜市）」の一五二六戸、「蒲生郡八幡町六五町（近江八幡市）」の一三二五戸、「甲賀郡水口村（旧水口町、甲賀市）」の一〇二七戸であった。いずれもかつての城下町であり（大津は旧城下町であったが、先に述べたように宿場町として「大津百町」とも称された）、これらは近江を代表する町々であった。

これらに次ぐ規模、五〇〇〜一〇〇〇戸の町村（順不同）は、滋賀郡粟津村六五二戸、同坂本村、栗太郡草津村、甲賀郡石部村、蒲生郡日野大窪町、犬上郡高宮村であり、さらにこれらに続く戸数であったのは、滋賀郡本堅田村四九九戸、伊庭村四九六戸、高島郡勝野村四八〇戸であった。

これら、近江を代表する五〇〇戸以上の町村とそれに続くグループにおける、比較的規模の大きい九町村のうち、伊庭、粟津、本堅田、勝野が、琵琶湖畔に位置し、坂本、草津、石部、日野大窪、高宮は内陸に立地した。坂本は西近江路（北陸街道）沿いに立地する比叡山延暦寺（および日吉大社）の門前町、草津は東海道・中山道の分岐・合流点の宿場町、石部は東海道の宿場町、高宮は中山道の宿場町、日野は元蒲生氏の城下町であり、廃城後は有名な近江商人の町・陣屋町となった。

琵琶湖の湖岸（内湖岸を含む）に限定すれば、伊庭と同じくらいの規模の町村は、前述のように粟津、本堅田、勝野であり、いずれも港を有する集落であった。

このうち粟津（現大津市）は、瀬田川の流出口に近い、琵琶湖南岸の交通の要衝であり、本堅田（現大津市）も琵琶湖の南湖西岸における中世以来の有力な港町であった。勝野（大溝（おおみぞ）、現高島市）は琵琶湖北湖西岸の有力な港であったが、近世には分部（わけべ）氏や織田氏の城下町でもあった。

この三村に伊庭を加えた四村について『滋賀県物産誌』によって比べてみると、戸数に大差はないが、農業、工業、商業、雑の生業の比率に大きな特色がみられる。

農業の比率は、本堅田（七四パーセント、以下カッコ内の単位略）・伊庭（六四）が高く、勝野（三三）・粟津（二二）が低い。工業はいずれも一〇パーセントに満たず、商業は伊庭（二九）・本堅田（二三）・勝野（二二）が高く、粟津（八）が低かった。

つまり明治の初期には、本堅田・伊庭が農業中心であったが、一方で伊庭・本堅田・勝野は二二〜二九パーセントの商業戸数を有していたことが知られる。このいずれでもない粟津は、これら以外の雑が六一パーセントと多く、特異な存在であった。内訳は旧膳所藩の職人出身者や漁業など、多様な職種があったものと思われる。

ここでは、伊庭が二九パーセントもの商業戸数を有し、相対的に商業の比率が高かったことに注目したい。ちなみに、琵琶湖北方の長浜が四六パーセント、彦根が二五パーセントであり、南西方の八幡が六六パーセントであった。伊庭の商業戸数比率は、少なくとも彦根よりは高かったことになる。

言い換えると明治には、伊庭は典型的な琵琶湖岸の大規模村であり、彦根に比べて規模は下回るものの、商業戸数比率はむしろやや高かったというのが特徴の一つであろう。

さらに、湖岸の伊庭と朝鮮人街道沿いの能登川は明治初期に同一村内であり、互いに境を接している。『滋賀県物産誌』では両村は独立した個別の村の扱いだったが、能登川を始め、繖山西麓の安楽寺・北須田は、伊庭の枝郷であったことはすでに述べた。つまりもともと能登川とのつながりは深かったことになる。

その能登川の集落は、伊庭山（繖山北西部）の西の山麓に近い部分の南北道沿いに立地している。この南北道は朝鮮人街道と称され、湖東の幹線交通路である中山道（東山道）の少し湖岸寄りを走る、中山道に次ぐ幹線交通路である。朝鮮人街道は旧伊庭村域の東部をも通過するが、街道沿いに存在する主な集落は能登川である。その中央付近の朝鮮人街道から、西北西へと道が延びて、伊庭集落の北部付近へと通じていた（口絵4）。先に述べた伊庭山の神社とはこの東西道によって結ばれていた。

ここで、もともと同一村であった伊庭・能登川について、『滋賀県物産誌』によって両村の比較を試みると、次のようである。

伊庭村がすでに述べたように、総戸数四九六軒、農業・工業・商業がそれぞれ六四、八、二九パーセントであったのに対し、能登川村は総戸数二三七軒、農・工・商が五一、六、四四パーセントであった。傾向に大きな差を生じていないが、能登川の方が農業戸数の比率が低く、商業戸数の比率ははるかに高い。

単純に考えると、伊庭には田畑が多く、能登川はそうでない、という可能性がある。ここで両村の田畑面積を農家数で平均してみると、伊庭では一戸当たり田三反強、畑七畝弱、能登川では田三反強、畑五畝強となり、大きな違いはなかった。加えて、農地を所有しているのは農家だけとは限らないので、両村の産業構造に大きな違いが認められるほどではないであろう。

この意味をにわかに推定することはできないが、隣接する伊庭村と能登川を合計して比率を算出してみれば、合計戸数七三三、農・工・商の比率が各六〇、七、三四パーセントとなる。

先に対比した長浜、彦根、八幡と比べてみたい。長浜が一五二六戸、農・工・商が一三、二八、四六パーセントであった。同様に彦根四九六四戸、五、一五、二五、八幡一三二五戸、五、二九、六六であったから、伊庭・能登川の合計は、長浜と八幡のそれぞれ半分ほどの総戸数となり、農業戸数の比率が著しく高く、逆に工業戸数の比率がかなり低かったことが分かる。

伊庭の商業機能と水運

商業戸数の比率が、長浜・八幡に及ばないとしても彦根より高いことは、すでに見た伊庭単独の傾向と大きな違いはないとみられるが、伊庭・能登川合計では、長浜の状況にやや近い。琵琶湖(内湖)に臨む伊庭と、朝鮮人街道沿いの能登川が隣接して(元は同一村)存在し、伊庭集落単独よりもさらに商業戸数の比率が高い大規模集落の機能を有していたとみてよいであろう。結論として、伊庭・能登川は併せて、長浜・彦根・八幡に似た、それらよりやや規模の小さな町に相当した村としての機能を有していたとみられることになる。

このような明治時代の伊庭集落の商業機能が、内湖畔の立地条件によっていたことは明らかであろうが、この機能の内訳は伊庭村所有の船数に端的に表れていた。

慶安二年(一六四九)「江州諸浦船数帳」(『芦浦観音寺文書』)には、

六艘　壱人加子(水主)伊庭舟　内三艘　小てんま

ヒラタ舟　六十艘　伊庭村

が記されている。

延宝五年（一六七七）には（同文書）、

百七十三艘　伊庭
内四艘　但し八十石より百石積迄　並てんま二艘　丸子舟
百六十九艘　ヒラタ船

と記されている。

元禄九年（一六九六）には丸子船七艘、田地養船（ヒラタ船と同形式の平底舟。別々に書き上げられた場合も、区別されなかった場合もあった）三六二艘であった。さらに明治一一年（一八七八、『滋賀県物産誌』）には、後述のように伊庭集落のみで四八二艘であった。

近世には、琵琶湖水運を担う丸子船があったこと（ただし船主が伊庭集落か能登川集落在住かは不明）、ヒラタ船が増加して、伊庭集落の全戸数とほぼ同じ数となっていたことが知られる。

『滋賀県物産誌』は、伊庭集落に麻布製造三九軒、産額二万反（三万円）という、突出した規模の繊維産業があったことを記している。また、農三一七軒の説明として、農業の傍ら、麻布製造・採藻・漁業に従事するほか、商業・日雇稼をする場合もあると記しており、専業ではない農家もあったことになる。さらに工三七軒には、大工指物・石工・鍛冶屋・畳職を挙げており、商一四二軒には、麻布・蚊帳の販売に大阪および中国・九州へ出かけるものが多いとしている。

先に町のような機能があると推定したが、その中心はこの時点において、麻布製造・加工とその販売であったとみられることになろう。ただし、元禄九年に三六二艘に及んだ「田地養船」とは農業用（採藻・採泥含む）の船である。

伊庭の農業と土地利用

『滋賀県物産誌』はさらに、農産物の作付面積・産額を書き上げている。米（粳一四一町余、糯六町余）が圧倒的に多いことは一般的な特徴であるが、次いで菜種六町弱、藍葉三町と、菜種・藍が多かったことが知られる。

水面に臨んでいたことから漁獲も多く、フナ二三〇〇尾（一八四円）、フナずし一〇〇尾

（一三八円）が中心で、コイ五〇〇尾（一二五円）がこれに次いだ。

口絵4は明治一七年（一八八四）ころと見られる「神崎郡伊庭村地籍全図」であり、『滋賀県物産誌』の明治一三年刊よりやや新しいが、ほぼ同様の状況を知ることができる。

伊庭の集落は伊庭川（瓜生川下流）の河口付近に立地し、同川沿いに東西（正確には東南―西北）に長い形状を呈する。集落内ではほとんどまっすぐに流れているが、集落東方では、前述のように、屈曲が著しい。集落内には伊庭川からの引き込み水路も多く、おそらく各家のほとんどにあった船を使って直接内湖と出入りができたものであろう。代表的な場所に

図24　伊庭の水路

は「舟入」の記号が記されている。現在でも図24のように、船を着ける場所が設置されている。この写真の船がヒラタ船である。

太く描かれた道路は集落から東の能登川へ向かう東西路と、村域北東部を南北走する朝鮮人街道だけである。集落の周辺、とりわけ北方と東方は、碁盤目のような道や畔に画された一辺一町（一〇九メートル）の方形の区画からなる、条里地割が卓越していることが知られる。その内部はほとんど水田であり、全体で九七町弱に及ぶが、条里地割となった水田の形状については改めて触れることにしたい。

一方、合計二一町に及ぶ畑は、口絵4では水田の色彩と区別が難しいが、伊庭川の川沿い（洪水堆積か）と、内湖沿岸付近の水路沿い（採泥によるか）に多いことが知られる。

さらに内湖岸と内湖中には、「葭生地」と記されているヨシの繁茂した湿地（地籍全図では暗緑色）が存在したことが知られる。

なお、村域東端の伊庭山は地籍全図では東端の一部のみが表現されていて、村域の山のすべては表現されていない。

集落の北方と東方には条里地割が卓越することはすでに述べた。この方格の規則的な地割形態に対して、集落の西方と南方の地割形態はやや不規則である。

この不規則な形態の地割部分は、集落部分を除くと、伊庭川沿いと内湖に接する部分に多い。川沿いと内湖に突き出た南西部は、洪水被災が相対的に多かった場所および、比較的新しい三角州の形成によって陸化が進み、開拓が進んだ部分と見られる。『滋賀県物産誌』には、天保年間（一八三〇～四四）に「湖浜一〇町余を新たに開墾して云々」とあるが、後者はこれに相当すると思われる。伊庭川河口付近および南の須田川河口付近のいずれも内湖岸には、「蓮池、東浦葭、浦葭」といった小字地名が存在し、このような由来を反映していると思われる。

これに対して条里地割部分は古代ないし中世ごろから耕地化されていた部分だと思われるが、その一帯には、それぞれの方形区画ごとに、小字地名が成立している。集落東南には「十三ノ坪、十四ノ坪、十六ノ坪」といった条里呼称に由来する小字地名が分布している。おそらく八世紀中ごろに完成し、長く使用されてきた条里プランに由来する地名である。このような小字地名によって、かつての条里プランを復原することも可能である。北には「中田十三、中田十四、中田十九、中田二十」などといった小字地名があるが、おそらくこれらは条里呼称をまねて再編された地名であろう。

伊庭は先に述べたように、明治時代には滋賀県を代表する都市に次ぐ規模の集落であり、麻布と蚊帳を生産して、大阪およびさらに西の地方に広く販売する商業中心でもあった。一方、集落周辺の水田と畑を中心とした農業比率の高い農村でもあり、米・菜種・藍などを産した。農業のために藻や泥を採取するとともに、フナ・コイなどの漁業も盛んであり、フナずしも産した。

このように伊庭は、内湖岸の大規模な農村集落でありながら、同時に麻布生産とその販売をおこない、大阪やそれ以西の販路を有する町としての要素も有していた。

類似の立地条件を有する粟津・勝野・本堅田に比べると、商業機能は同じく高かったものの、農業の比率も非常に高い点も一つの特徴であった。

現在では商業の機能はかなり低下しているが、農業は依然として集落の重要な機能である。平成三〇年（二〇一八）には「伊庭内湖の農村景観」として重要文化的景観に選定された。

内湖畔の集落と水路

伊庭集落には、図24のように水路が入り込み、ヒラタ船の接岸も可能であった。口絵4の「舟入」もこのような状況であったものであろうこともすでに述べた。水路はこの写真のように石垣で固められていることが多く、もともと伊庭川や、伊庭内湖（旧大中之湖および旧伊庭内湖）と多くの水路で結びついていた。

ただし、戦前に水路の払い下げがおこなわれた後、袋状水路（行き止まりの引き込み水路）の多くは、埋め立てられて宅地や農地へと変わった。さらに自動車の普及と相まって田船（ヒラタ船）の使用が減少し、水路の利用頻度が下がった。また一九六〇年代後半以後には、圃場整備事業による水田区画の大型化と用水路・排水路の分離が実施され、田船の使用はほとんどなくなった。

さらに、一九八〇年以後の農村総合整備モデル事業において、伊庭集落北側への伊庭川河道の付け替えがおこなわれ、道路の整備に伴って、集落内水路幅の縮小、水路の暗渠化ないし埋め立てが加速した。この事業では道路の有効幅員三・五メートルの確保が必要とされ、そのために水路幅の縮小が進んだのである。

しかし近年、「水郷伊庭の公園化」運動が起こり、水路の価値の再認識が進んで、水路の復活や整備など、景観保全の取り組みがおこなわれている。

水路に接した屋敷には、「カワト」と呼ばれる水路への石段が設置されていることが多く、水路へのアクセスや、水路での水洗いなど、家庭的な利用のための施設であった。伊庭集落の家屋は、ほとんどが図24のような瓦葺きであり、壁には板覆いが施されていることが多い。

集落の各敷地内には樹木が多く、樹種の調査では、甘柿一〇九戸、渋柿三六戸、イバモモ七戸、シュロ一六戸、山椒六六戸、梅五〇戸におよぶ。柿が多いのは日本全体の傾向であるが、ここでは山椒とイバモモが特徴的であろう。山椒は川魚（アユなどの湖魚）料理に使用することが多い。イバモモは果肉と種子が剝がれやすい果樹であり、果実はおいしい。しかし虫がつきやすく、栽培が減少していた。近年ではイバモモの復活を目指す活動もおこなわれている。

伊庭が大集落であることはすでに述べたが、集落内の寺院は妙楽寺（浄土真宗本願寺派）をはじめ七ヶ寺、さらに堂が六ヶ所、神社が大濱神社をはじめ一三ヶ所と多数に及ぶことも一つの特徴である。

妙楽寺は集落中央部の北寄りにあり、東側に山門、西側奥に本堂を構える。山門内には妙楽寺本堂のほか、庫裡（裏）・鐘楼をはじめ、法光寺本堂・法光寺福智蔵・浄福寺本堂・源通寺本堂・誓教寺本堂などがあり、寺内は寺院群からなる独特の景観を呈する。

大濱神社は伊庭集落の北東端にあり、元禄八年（一六九五）の棟札がある切妻造三間社の本殿と、鎌倉時代後期の茅葺き入母屋造の仁王堂をはじめ、道祖神社・愛宕神社・五位田神社・百太夫神社・天満宮・稲荷社などの境内社からなる。大濱神社は、伊庭山の望湖神社・繖峰三神社とともに伊庭祭の中心である。

伊庭は規模が大きい集落であったことに加え、寺社も多く、また、元は内湖と結びついていた水路を多数巡らせた、特徴に富む農村集落である。

第三章

水辺の町と城

第一節　石積みの湖岸——海津・西浜

西近江路

琵琶湖の西岸、湖西を南北走する主要街道が西近江路と呼ばれる。琵琶湖南端の大津において、京都（平安京）から東に向かう東海道・東山道と分離して北へ向かう陸路である。その先は、福井県の敦賀平野を経て、さらに北へと向かう。現在の国道一六一号に踏襲された古代以来の北陸道（近世には北陸街道）の湖西部分のルートを基本としている。途中、比叡山と比良山の東麓の狭い平野では湖岸近くを進み、山地が張り出した白鬚（しらひげ）神社付近（高島市鵜川）ではまさしく湖岸を通る。さらにその北側の安曇川流域の広い平野では、平野の中央部を北上し、湖岸一帯の町、大溝・今津（いまづ）・海津を経由する。

西近江路は、基本的に八世紀以来の北陸道の官道を踏襲しているが、地形によって湖岸と接近したり離れたりしながら北上し、八世紀には今津（高島市今津町）付近から若狭街道のルートによっていったん西へ向かい、そのうえで若狭国を経て越前国の敦賀平野へ入っていた。

今津付近からそのまま北へ向かい、山中峠を越えて直接敦賀平野へと達する部分（七里半越と呼ばれるルート）の西近江路の延長部は、九世紀に入ってから整備されたと考えられる。それ以来、このルートは北陸道諸国と畿内を結びつける幹線交通路となった（『古代・中世遺跡と歴史地理学』）。

図25　西近江路と海津の集落

西近江路に沿った琵琶湖岸の最北西端に、海津と称する集落があり、かつて西近江路の宿場であった。その南に西浜、さらに南に、現在サニービーチと称される湖岸のリゾート地を挟んで、知内（ちない）の集落へと続いている。

海津（図25）・西浜の両集落は、いずれも街道沿いの両側に家々が立ち並び、宿場に由来する小さな市街地の街路のような景観である。さらに南の知内は、第一種漁港である知内漁港を中心とした塊状の集落であり、街道沿いというより漁村というべきであろう。

海津の集落は、北東から「東町、中村町、中小路町」の「海津三町」からなっており、江戸時代初期には全体が幕府領となっていた。寛文八年（一六六八）には、海津中村町のうち一七一石余が加賀藩領となった。そのほかは引き続き幕府領であったが、享保九年（一七二四）から大和郡山藩領となって明治に至った。

加賀藩領であった海津中村町には、加賀藩海津屋敷が置かれていた。海津は、日本海側の西廻り航路の重要な寄港地であった敦賀と、琵琶湖水運を結びつける重要地点となっていた。

海津三町には、享保九年に商人三六、問屋五、造り酒屋四、職人二〇などの存在が記録されており（『郡山藩郷鑑』）、まさしく宿場を特徴づける職業構成であろう。同様に西浜村は、商人九、酒屋一、職人六などと海津より小規模であるが、やはり宿場の延長であったとみられる。これらの多くの商人・問屋・酒屋の存在は、海津・西浜が宿場・港津として繁栄していた状況を反映しているのであろう。

先に市街地の街路のような景観と表現した海津・西浜には、現在でも造り酒屋や、いくつかの商店が存在し、町並みあるいは街村の名残をとどめている。知内はすでに述べたように漁港中心の漁村であり、「高島市海津・西浜・知内の水辺景観」として重要文化的景観に選定されている。

湖岸の石積み

西近江路は、海津集落北東端で山麓にぶつかり左折するが、右折すれば湖北の海津大崎を巡る湖岸の道となる。その道から眺めると、海津の湖岸には図26のような石積みが施され、さらに南西の西浜へと続いている。水辺を特徴づける石積みの景観である。石積みは海津の北東端から西浜に向かって、約一・七キロメートルにわたって続く。

石積みの石材には方形に加工されたものが多いが、表面の調整はあま

図26　海津の石垣

図27　海津の石垣と捨て石

りなされておらず、基本的に直線状に積まれていて反りがない。また屋敷の敷地間には一メートル前後の隙間がつくられていることが多く、隙間に見える石積みの角はほぼ直角である。

湖岸から見ると石垣の高さは約三メートル、屋敷地から見ると九〇センチメートルほどの高さまで積まれている例が多い。ちょっとした城壁を思わせる石垣である。石積み前面の湖岸には、大小の不整形な石材が多数転がっており、地元では「捨て石」（図27）と称されている。

このような石積みと捨て石の存在は何を意味するのであろうか。宿場であった街道沿いの集落には城壁のような施設は不要であろう。また静かに見える琵琶湖の湖面からは、波を防ぐ施設が必要だとは考えられないであろう。しかし、次のように説明している文書がある。それによれば西浜では、元禄一五年（一七〇二）にたびたび大波があり、家屋や街道に波がかかって困ったので、幕府代官であった西与一左衛門に普請を請願し、翌元禄一六年に普請費用の下付が認められた。それによって長さ二七二間（四九〇メートル）、高さ九尺（二・七メートル）、根本幅九尺、上端幅六尺（一・八メートル）の石垣が築かれた（西浜区有文書）。同様に、西浜北側の海津では、天和二年（一六八二）に一三軒もの屋敷地前の石垣が崩れ、風浪によって家に水が入ったという（大崎寺文書）。石垣が崩れたというのであるから、それ以前に海津の石垣（規模は不明）は設置されていたとみられる。

いずれも打ち寄せる大波が原因であった。海津・西浜は琵琶湖の東西幅が最も広い部分の西岸であり、通常は静かな湖面も、東南方から吹き寄せる風の場合は、この最も広い水面に波を立て、とりわけ大きな波となって湖岸に打ち寄せる。意外にも、琵琶湖においても防波堤が必要であったのである。

近年（二〇一九年）の台風一九号が、図らずもこれを証明することとなった。強風が大波をもたらして石垣を襲い、そのために強固に見える石垣が破損したのである。それでも大波の被害は石垣にとどまり、家々は大波による破損を免れた。

大波を防ぐためには、このような頑強な石垣が不可欠であったことになる。また、その石垣の根元を波から守るために無造作に置かれた（と見える）、根元付近の湖岸の捨て石が消波の一助となったものであろう。

舟入と辻子

海津・西浜の両集落は、湖岸を走る西近江路に沿って、その両側に町並みのように続く。街道沿いの家々には妻入と平入が混在しているが、ほとんどが二階建て瓦葺きであり、壁面には杉板（焼杉）が張られていることが多い。大波を起こす強風、ならびに冬季の風雪を防ぐためであろう。

西近江路のさらに内陸側にも、ほぼ平行な道がもう一本あり、一続きではないがその両側に市街地が広がっている。このような海津集落のさらに内陸側には、清水湖とも奥田湖とも称される池沼と、その西側に西内沼が続き、内湖が存在したことを示している。西近江路とその両側の町並みは琵琶湖岸の砂州上に立地し、その背後の内陸には、もと内湖が存在した、典型的な琵琶湖岸の地形条件であったことになる。

集落を貫通する中心街の西近江路と直交して、幅一メートルほどの狭い通路が何本も存在する。さらには細い道が街路沿いの屋敷の境目を湖岸へと通じていて、辻子（ずし）と呼ばれている。

この狭い道には、湖岸の石垣を貫いて湖岸への降り口が設定されており、西近江路から辻子を通して琵琶湖を望むことができる（図28）。湖岸から見ると、石積みにはこの降り口ごとに切れ目が設けられている（図29）。前項で隙間と表現した部分である。

このような通路（辻子）は、街道から湖岸へと連絡する屋敷間だけではなく、街道から内

図28　海津 - 民家の間の辻子

図29　海津 - 辻子と石垣の隙間

陸側の南北道へも通じている。街道から湖岸へ、また街道から内湖側へと結ぶ通路であった。

このような辻子の湖岸の出入り口における、石垣の狭い切れ目とは別に、海津集落の中央付近には中ノ川と呼ばれる水路があって、湖岸の石垣が大きく途切れている（図28・29の辻子の隙間より広い）。この途切れの両岸には、内陸に向かって石垣の護岸が施されている。背後の内湖への舟の出入り口であり、石垣のすぐ背後には、その目印となる背の高い木が植えられていた。比較的最近まで、この水路の南岸に、船荷を出し入れした古い倉庫があった。

重要な船荷の一つに、かつては石灰があった。江戸時代末から昭和初期にかけて、海津北西の山で石灰岩の採掘がおこなわれ、山麓の窯で石灰が生産されていた。嘉永六年（一八五三）には、九人からなる灰仲間によって一七万俵強が、文久二年（一八六二）には二〇万俵強が生産され、船で出荷されていた。

明治一〇年代（一八七七〜八六）には高島郡内の石灰の七三パーセントがここで生産されたという。近代に入ると内湖に積み出し用の桟橋と倉庫が設置され、そこから湖岸へと出て、琵琶湖を発動機船に曳かれて出荷先へ向かったという。

また西浜にも、中ノ川と類似した舟入川と呼ばれる水路があり、内陸側には舟入湖と呼ばれる内湖があって、やはり船が出入りしていた。

明治二八年（一八九五）には、中ノ川と海津・西浜境界の中間付近に当たる中小路町浜に、琵琶湖へと突き出した栈橋が建設された。鉄道開通以前には、太湖汽船の定期船が発着し、やがてスキー船も就航して、スキー客の主要な交通手段となった。

この栈橋は今や姿をとどめていないが、西浜の湖岸には現在、やはり湖側に張り出した形で漁港が設置されている。

さてここで、海津・西浜には寺院が多いものの、西近江路に接しているものは少ないことに触れておきたい。寺院の立地には二種類のパターンがある。一つは町並みの中に立地するもので、もう一つは市街の外側、あるいは市街から離れて山麓に立地するものである。海津の市街中には一ヶ寺（浄土真宗）しか存在しないが、西浜には五ヶ寺（浄土真宗四、浄土宗一）と多い。海津の方は、西側の山麓に四ヶ寺（浄土宗二、浄土真宗一、真言宗一）が立地する。このほか海津北西方の山麓には、三ヶ寺（真言宗）が立地する。両集落の寺院の立地状況、宗派の状況がかなり異なっていることになろうが、いずれにしろ集落内では寺院が目立たず、多くが周辺山麓に位置している。

海津・西浜の両集落を特徴づけるのは、街道沿いの町並みのような形状と、湖岸の波防用石垣、そしてそこに設定された船の出入り用の水路と、人の出入り用の辻子といった石垣の切れ目であろう。

第二節　内湖と城下町——大溝

乙女ヶ池と勝野津

大溝（高島市勝野）の地は、湖西の湖岸、北湖の中央部付近に位置している。大津からすれば北方、前節で取り上げた海津から続く平野の南端に当たる。湖西最大の平野である安曇川流域の平野から南側に連続して広がる、鴨川流域の平野の南端である（JR近江高島駅付近）。

平野の南側は比良山地から東へ突出した山に区切られ、この山塊が直接琵琶湖に達した先端は明神崎と呼ばれる。明神崎の北側には安曇川・鴨川などの平野が広がるのに対し、南側では比良山・比叡山の山麓の狭い平野が湖岸に続いている。明神崎には白鬚神社が鎮座するが、それについては改めて述べることにしたい。

明神崎から北への湖岸に、打下（うちおろし）浜と呼ばれる砂州が形成されて、大溝の東側へと延びている。現在は、国道一六一号の整備に伴って打下浜の湖岸側に道路が張り出しており、砂州の旧態を見て取ることができないが、道路の西側にはかつての湖岸の石垣が列状に残っている。なお類似の石垣は、打下浜が途切れた北側、現在の大溝漁港付近の内陸側（港の護岸）にも残っている。海津・西浜の石垣に比べると高さは低いが、やはり防波堤の役割を果たしていた。

この砂州に閉ざされた内側には、乙女ヶ池と呼ばれる小さな湖沼が、ほぼ南北方向（北北西―南南東）に延びている。琵琶湖周辺ではかつて、このような付属湖が極めて多くあり、内湖と呼ばれていることはすでに述べた。それらの多くが埋め立てや干拓で消失し、乙女ヶ池は旧態をとどめる数少ない残存例である。ただし池の西側は、山地からの小河川によって徐々に陸化し、その土砂堆積地が水田化されている。乙女ヶ池はまた、北の端から水路が北へと延びていて、現在の大溝漁港の湾入へと通じている。

古代以来の北陸道は近江国に入って湖西を北上したが、とりわけ大溝付近では地形条件に規制されざるを得なかった。古代北陸道が、湖岸の砂州上を通過していたものなのか、それを避けて比良山寄りの山麓を迂回したものなのかは確証が得られていない。しかしいずれにしろ大溝の北方付近には、古代の三尾駅が設置されていたと考えられている。

乙女ヶ池は古くから湖上水運の港津として利用されてきた。古代の港津としては勝野津という名称で知られている。『延喜式』が記す若狭国からの「運漕雑物功賃」の公定ルートが、陸路を勝野津に運び、ここから湖上を大津に向かう行程を計上していることも先に述べた（第二章第一節）。鴨川河口付近には、上流の木材を輸送した小川津があったことが知られているが、それとともに勝野津は湖西の主要な港であった。

第二章第一節で紹介した藤原仲麻呂の乱の際、越前国への行程が遮られて引き返した一行が官軍との決戦に臨み、最期を迎えたのが「勝野鬼江」であった。乙女ヶ池付近がその地と考えられている。

古代北陸道のルートは、基本的に西近江路として湖西の幹線交通路となり、北陸と京を結ぶ主要交通路として重要であった。大溝付近はその重要地点であり、水陸交通の接点でもあったことになる。現在でも大溝とともに勝野の地名も使用されているが、ここでは大溝と総称することにしたい。

大溝城・陣屋と武家地

乙女ヶ池北端の西側（乙女ヶ池と大溝漁港との間の水路から西へ約五〇メートル）の水田中に東西約二五メートル、南北約三〇メートルの石垣に囲まれた大溝城跡（現在、分部神社がある）

が残っている。その一段高い南半部が天守台跡であり、周囲の水田を含む一帯が本丸跡である。残された多くの城下絵図類と考古学的試掘調査によれば、南側に二の丸跡、西側に三の丸跡が推定されている。

城下絵図類では、大溝城本丸の堀は乙女ヶ池に向かって開いていたことを表現している。発掘調査によっても、本丸跡北西部の乙女ヶ池北西端付近において、港湾施設の一部が確認されている。乙女ヶ池奥に建設された城郭は典型的な水城であり、乙女ヶ池と通じていたことはもちろん、二の丸は直接乙女ヶ池に臨んでいた。さらに、水路によって大溝湊（大溝漁港）と結びつき、琵琶湖舟運に直結していた。

このような大溝城が建設され、城下が形成されたのは、天正六年（一五七八）に入部した織田信澄（織田信長の甥）による築城と城下の整備の結果である。信長による安土城完成の一年前である。明智光秀の坂本城（元亀二年〈一五七一〉建設開始）、羽柴秀吉の長浜城（天正三、四年ごろ完成）などとともに琵琶湖および近江国の制覇と統治の拠点網の一つであったと思われる。しかし信長が没し、後に京極高次が入部したものの、その後大溝城は取り壊され、資材が琵琶湖の湖上を水運によって運送されて湖東の水口城などの建設に転用された。

江戸時代に入り、元和五年（一六一九）、分部（わけべ）光信が伊賀上野から二万石の大溝藩へ、家臣四五名を伴って入部した。光信は、大溝城跡の西に当たる乙女ヶ池西北隅に陣屋を置き、城下（陣屋町であるが城下と表現する）の整備をおこなった。基本的な配置は織田信澄の城下を踏襲していたと考えられており、陣屋から見て西方の武家地（郭内）と、その東端北側の町人地に分けられていた。

入部時の屋敷割図（横田家蔵）によれば武家地は堀と塀でやや大きな区画（四五区画）に整備され、ほぼ東西方向に北町通・中町通・南町通が通され、東辺の大きな三区画と、それ以外の四二区画との間に、南北方向の東町通が設けられていた。武家地北東隅付近の北町通沿いに「総門」があり、現在も総門と称される長屋門がある。陣屋は、東西に長い武家地（郭内）から見れば東南方に当たり、大溝城跡との中間に位置した。

町人地は武家地と直交する方向の南北に長い地区であり、南北方向に西から西町通・中町通・本町通が通されていた。このうち本町通が西近江路に相当する。町屋は近世の多くの城下と類似し、間口が狭く奥行きの長い短冊形の屋敷地の町並みとして建設されていた。

また武家地西側の山麓には寺院が配置された。このような城下の整備に伴って、それまでは山麓を通っていた西近江路を城下の本町通に引き寄せたとされるが、古代以来の北陸道と、この山麓を通っていたという城下建設時までの西近江路との関係は、先に述べたように今のところ不明である。

街路中央の水路と曳山蔵

武家地には、北町・中町・南町の三本の東西道と南端に、山麓から水道（北町通は水田地帯を経て背戸川から）が導かれた。同様に町人地には、北の小田川に堰（せき）を設け、西町・中町・本町の三本ある南北道の中央水路に、水が導かれて生活用水に供された。さらに町人地西辺の石垣と呼ばれる道には水田からの用水路が引き込まれていた。

本町通の水路は現在暗渠とされている。石垣・西町通・中町通の各水路は、両側の道路を舗装した際に、道路を広げるために上端がコンクリートで覆われたが、下部には今も石垣が残されている。石垣部分にはタイルが張られ、水路部分の存在を強調しているが、この部分の改造を除けば、水路は現在も流れており、城下の水路の趣を残している（図30）。

図30　町人地の溝

水路の各所には「カワト」と呼ばれる石段が設けられて、フナずしの桶洗いなど、水路の利用に供されていたが、これもまた石垣上端がコンクリートへと改造される過程で埋められたという。このように交通手段の変化と街路の舗装という動向の中で若干の変化を伴っているが、大溝の景観の基本は一七世紀ごろに形成され、緩やかな変化を経つつも現代に引き継がれているといえる。

図31　曳山蔵

大溝の町人地を特徴づけるのは、このような街路中央に残る水路とともに、曳山を収蔵する「曳山蔵」と呼ばれる背の高い建物が各所に点在していることである。それぞれの曳山蔵は、正面四メートル前後、側面六〜七メートルの切妻造・妻入であり、二階建て家屋よりやや高い土蔵である（図31）。曳山はこの中に、解体せずに全体が収納されている。

現在は本町通沿いに勇組（新町）・寳組（北本町）・巴組（南本町）、中町通沿いには、乙女ヶ池北端に龍組（中町・西町）・湊組（勝野）の計五ヶ所の曳山組・蔵が存在する。これらの曳山組は、組を構成する町域の自治組織が担っている。

曳山が初めて登場する文献は享保五年（一七二〇）とされ、近世後半には現在の形に整ったと考えられている。五台の曳山が巡行するのは五月初め（三、四日ごろ）の日吉神社（大溝市街南西の山腹）の大溝祭の日であり、日程・順路は少し変化しているが、基本的に本町通北端と大溝湊付近の間を巡行する。

神輿の巡行の範囲はこれより広く、西南は日吉神社、東南は打下の御旅所、東北は小田川（町人地の水路の取り入れ口が設けられた川）の河口付近にまで及んでいる。

このように大溝では、城下時代以来の町並みと街路中央の水路が見られ、曳山・神輿の巡行もまた維持されている。さらに町内五ヶ所に設置されている曳山蔵や、南側の山麓・山腹の寺社も加わって、歴史的な市街の景観が大きな特徴となっている。

大溝城の水城に取り込まれた湖上交通の機能は、大溝湊が漁港となったように、湖上の漁業中心へと変化した。乙女ヶ池沿い砂州上の打出集落には、各家の屋敷間に街道から池面への降り口などが見られる。この降り口は乙女ケ池の利用のためであり、城下の人工的水路とは異なるが、やはり水辺利用の伝統的な様相である。

大溝地域では、今も残る内湖の存在とともに、主要な街路中央に設けられた水路など、

図32　大溝「びれっじ」

水辺の景観の特性を色濃く継承しており、「大溝の水辺景観」として重要文化的景観に選定されている。本町通には、伝統的民家を使用した、「びれっじ」と称するガイダンス施設（図32）も運営されている。

第三節　城下起源の町と堀——近江八幡

城下の町から在郷町へ

豊臣秀次が鶴翼山（八幡山とも、標高二八三メートル）に築城したのは天正一三年（一五八五）であった。山嶺はほぼ南北に延びており、いくつかの頂がある。東方か西方から離れてみると、三つの峰があり、鶴が翼を広げたように見えるのが名称の由来だという。天守台は最も高い山頂に残っている。東は西の湖に、西は津田内湖（現在は干拓されている）に取り囲まれ、山嶺の北側で両水面が連絡していた。現在は人工的水路となっている。

八幡山は、織田信長が少し前の天正七年（同一三年廃城）に安土城を築いた安土山（標高一九九メートル）に比べて、八〇メートル以上も高い。また、谷筋に秀次居館をはじめとする居館曲輪が設けられていたことからも、戦国時代の山城との類似性が強いとみなされている。

八幡山の城郭は、東西の内湖と連続した水路に画された北側だけでなく、西の湖と津田内湖を結ぶ人工的堀（八幡堀）によって南東側を囲まれていた。近世の絵図（口絵5）には、八幡堀の中央部付近の城郭側には、五〇〇メートルほどにわたって、堀端の北側に土塁（「土手畑」と記す近世の絵図もある）が設けられていた様子が描かれている。

この八幡堀に接した南東側には、城下の町（八幡町）が建設された。北西―南東方向とこれとほぼ直交する碁盤目状の街路は、周囲の農村地帯に広く展開する、条里地割（蒲生郡）と同様の方位に設定され、現在もほぼそのまま残っている。

八幡堀に向かう北西―南東方向の街路が計一二本、これと直交する街路が計六本であった。ただし八幡堀が南東へ張り出した中央東寄り付近では、北東―南西の街路は四本である。また北東―南西方向の街路のうち、南から三本目が朝鮮人街道であり、京街道とも呼ばれた幹線道路でもあった（口絵5の南西から市街

図33　八幡の商家と鶴翼山

に入る街路)。

これらの街路に囲まれた街区は、八幡堀沿いを除いて、多少の歪みを除けば南北に長い長方形(長さ約一二〇メートル、幅約八〇メートル)であり、図33のように、町屋は北西―南東方向の街路に間口(屋敷の表側)を開いているので、その先に八幡山が見える。この方向の街路に沿って八幡堀の堀端から、本町一~五丁目、新町一~四丁目、永原町元・中・上、などの町の区画が並んでおり、基本的にこの方向が町通りであったことが知られる。

市街中央部のやや東から西側にかけて町屋の背後(街区の中央)には、背割りの溝が、やはり北西―南東方向に構築されている。この点からも、北西―南東方向の街路が、町屋の正面口が並ぶ町通りであり、北東―南西方向の街路が横町的な存在であったとみられる。背割り溝のない東側の街区でも、間口や町の区画が北西―南東方向の街路に向いている状況は変わらない。

この状況は朝鮮人街道沿いでも基本的には変わらないが、幹線道路であった朝鮮人街道に間口を開いている(町通りとしている)場合が見られる。また、八幡堀の張り出し部分に最も近い北東―南西方向の街路が大杉町であり、これも町通りであった。

八幡城下には、安土などから移住させた職人・商人を住まわせたとされている。右に例示した新町と永原は、同時代の記録である『信長公記』にも、安土の「新町通」や朝鮮人街道沿いの「永原」としてしばしば登場する。

しかし、城下が建設されてわずか一〇年後、秀次の失脚により、ほどなく八幡城は破却された。町は城下ではなくなったが、城下の町として整備された八幡町は、在郷町となって存続した。口絵5は元禄一一年（一六九八）の「江州蒲生郡八幡町惣絵図」と題する絵図であるが、新町以西の六街路（同図黄色）からなる西半が朽木領、魚屋町以東の六街路（同図赤色）からなる東半が幕府領であった。

なお、同図の町屋地区に建物の表現が見られるのは寺院であるが、これも一例を除き、町屋の背後の背割り溝付近、つまり街区の中央付近に存在し、寺域が街路に直接面していない。

街路沿いの伝統的な商家は瓦葺き二階建てであり、二階は基本的に漆喰壁である。貫が見えるようにした、いわゆる「貫見せ」が多く、切妻平入の屋根の妻側に「うだつ」を上げたものもある。また、竈のある部分の屋根には、一段高い「越屋根」を置き、さらに上に「煙だし」をしつらえたものもある。

街路沿いの一階には格子が用いられていることが多い（格子造）。また、「ばったり床几」と呼ばれる、見世棚や腰掛として上げ下げのできる街路沿いの施設や、「摺り上げ戸」の設置跡なども見られる。摺り上げ戸を内側に引き上げると、店の表部分が広く街路に開き、開放的になる構造であった。

伝統的な建物が多く残る新町・永原町や八幡堀に近い大杉町などは重要伝統的建造物群保存地区となっている。

八幡堀の規模と変遷

八幡堀は右に述べたように、もともと八幡城を取り囲む堀として掘削された。西の湖と津田内湖の間、全長約四キロメートルに及ぶ堀である。現在の八幡堀はしかし、図34のように両岸が石垣によって築造され、水際には犬走のような、低い堀沿いの通路が構築されている。犬走部分が船に綱を付けて曳く「船引」の通路であるとすれば、運河によく見られる構造である。現在の堀幅は、屈曲部で広くなっている新町浜（新町通北端）付近を除けば、一〇メートル程度であり、それほど広くない。

図34　八幡堀

近世の記録（慶安五年〈一六五二〉「湖浦改書」『井伊家文書』）によっても、幅が狭いところで六～七間（一〇・八～一二・六メートル）、広いところで八～一〇間（一四・四～一八メートル）でしかないが、現状の堀はこれに近い幅とみなされてきた。

しかし、残存する近世の城郭においては、堀の多くが極めて広大であるのに比べると、八幡城の堀としてはいかにも狭いように思われる。ただし、八幡城はすでに述べたように、一六世紀末という築城時にしてはやや古風ともいうべき戦国時代の様式をとどめた山城であったことを考慮すべきかもしれない。

ところが、堀沿いの「兵四楼」という元旅館や、「宮前」という蔵付近などで、建物の地下部分に古い石垣の存在が確認された。兵四楼の地階では、現在の堀端から七・六メートル退いた位置であったと報告されている（『近江八幡の歴史』第九巻）。それに隣接する建物の地下に確認された石垣に比べると、それらより、二メートルほど後退した位置であるとされる。

このような建物地階の石垣は、八幡堀の南側において約一五〇メートルにわたって連続することが確認された。特に奥へと後退した「兵四楼」の部分は別として、中央部の白雲橋より西側において、現堀端の約四～五メートル奥、東側においては約二～七メートル奥であったとされる（『近江八幡の歴史』第九巻）。これが近世の堀であったとすれば、右に紹介した記録とは符合する可能性が高い。

古い石垣が地下に見つかった「兵四楼」は、表が大杉町に開き、北東側が八幡堀の石垣上にある。北東端の地階は「シタヤ」と呼ばれて、堀端に臨み、一部が地上三階建てである。シタヤを一階とすれば、その階には板の間、収納空間、便所、階段などがあり、二、三階に大広間などがあって、八幡堀の眺望を生かした座敷となっている。

「兵四楼」が隣接の土地を買い、現状の建物となったのは明治一九年（一八八六）というが、元の建物の建築年代は不明である。八幡堀の沿岸、特に東南岸の石垣の上には、これらの伝統的な建物が多く残っていて、八幡堀とともに重要文化的景観「近江八幡の水郷」の重要な構成要素である。

やはり右に述べた「宮前」も地階の石垣に腰掛けたような構造で建てられており、大杉町に表を開いた地上二階、地下一階の土蔵であったが、現在は料亭として使用されている。

このように、ある時期に八幡堀が狭められて現状となったことは確かであるが、その時期は不明である。地階に発見された石垣が八幡城の時期の堀端であったかどうかは、依然としてはっきりしない。

八幡堀の維持管理については、近世に「駄別仲間」という組織によって、浚渫や護岸の修築などがおこなわれてきたという。駄別とは、主だった商人に対して荷駄数に応じて維持管理費用を負担させたことに由来するという。八幡堀そのものの維持管理に加え、もともとは積み荷管理、ならびに通船をよくするための管理と、出入り口の沖合における船の航路を示す「漂澪木（みおき）」の設置なども含まれていたという。

八幡堀の浜

現在の八幡堀には、両岸に犬走のような低い通路が設けられていることはすでに述べた。この通路へと降りる石造の階段が各所に設けられているのも特徴である。この犬走のような部分の用途は、八幡堀の船への積み下ろしと、それらの荷を堀沿いの蔵や収納場所へ移動することが主目的であったのであろう。

石垣の上には、「兵四楼」のような伝統的な建物や「宮前」のような蔵とともに、民家や柴小屋（燃料の柴を収納）が立ち並んでいたが、現在もその風情が残る。特に蔵はしばしば「浜蔵（はまぐら）」と呼ばれていたということが興味深い。浜とは河岸（かし）のことであり、浜蔵とは河岸の蔵であったことになるからである。

八幡堀が東南方へと突出する屈曲の西南側には、新町通が堀端に沿って延びており、この八幡堀の屈曲部は「新町浜」と呼ばれている。新町浜には現在、図35のような広い階段状の岸があるが、調査によればかつては土手の斜面であり、荷の積み下ろしがおこなわれていたようである。八幡堀の最も広い部分の緩やかな土手の斜面であり、浜の中心的部分であったとみられる。

八幡町の浜全体は「八幡浦」とも称され、慶安二年(一六四九)の「江州諸浦船数帳」(『芦浦観音寺文書』)には、「八幡船」三四艘と、「八幡船木町」ヒラタ船一九艘の存在が記されている。船木村(町)は八幡堀の北西部に接しており(口絵5)、浦としては八幡堀を共用する八幡町と一体化していたものであろう。

図35　八幡堀の新町浜

幕末の慶応四年(一八六八)には、丸子船の船株(もともとは船数、後に所有・役儀負担の単位)が八幡浦では四二株(八幡町一八株、船木村二四株)であった(「町方明細帳」『八幡町共有文書』)。

ヒラタ船は平底の船、丸子船は前章においても触れた、やや大型の琵琶湖を帆走する荷船である。ヒラタ船にも大・中・小があり、小ヒラタには運上が課せられなかったという。丸子船を直接八幡堀に入れるのは難しいであろうから、湖上の運搬専用である。丸子船が小ヒラタを艀（はしけ）として運用していたとするのが考えやすい。八幡堀には、大・中・小のヒラタ船が行きかっていたとみられる。

八幡町からは、幕府の蔵米をはじめ米が大津へと運ばれた。『京都御役所向大概覚書』では、「米・大豆」の輸送費が「百石ニ付運賃米六斗」とされていた。

米のほか、八幡町および周辺の村々で生産された近江表（畳表）と蚊帳も搬出された。八幡町の商家の江戸店へは、まず八幡から船で大津に運ばれ、大津から陸路を伏見へ、伏見から淀川を下って大坂（阪）へと運ばれた。さらに大坂からは、海路を東へと運ばれた（「江戸表店算用帳」『西川甚五郎家文書』）。

さらに、莚包（むしろ）（肥料用魚など）・串貝・棒鱈・干鯡（ほしにしん）・鹿皮・昆布などの「松前物」も八幡町を経由して大津へと運送されたことが、駄別仲間の「諸浦運賃覚」に記されている。これらは、西廻り航路によって蝦夷から日本海を運ばれ、敦賀でいったん陸揚げして琵琶湖北部へ運び、琵琶湖水運によって八幡に至ったものであろう。

また、米や松前物は八幡町に集積されて大津へと向かったが、田畑の肥料用の干鰯（ほしか）は八幡町を拠点として広く湖東の農村に販売されていた。八幡町はいわゆる近江商人の拠点であった。

第四節　湖畔の城下町——彦根

湖畔の城郭

琵琶湖が最も東西に広い部分の東側には、かつて入江内湖と松原内湖があった。北に天野川、南に芹川があるが、その中間に当たる両内湖付近には、堆積量の多い河川が存在しない。

松原内湖の東側には、石田三成の居城があった佐和山の急斜面が迫っている。関ヶ原合戦後、三成の旧領を与えられて井伊直政が入部した。その没後であるが、徳川家康の裁可を経て彦根山への築城が始まったという。時期は慶長九年（一六〇四）とみられている。

ＪＲ彦根駅から湖岸方向（西北）に向かう街路の正面、木々に覆われた岡の上に彦根城の三層の天守が見える。その道をそのまま進み、正面の神社門前で左へと直角に折れ、次に右へ折れると、堀（中堀）の東の角（東端）に出る。中堀は複雑に屈曲しているので、やや煩雑であるが、その様子と立地条件などを描写してみると次のようになる。

東端の直角になった堀端を左に折れ、堀を右手に見ながら進むと堀の西南の角へ出る。堀沿いに右へ折れて西北へ直進すると、堀に架された橋（京橋）の畔を過ぎて、さらに堀端の道が続く。この堀はやがて右に折れるが、さらに道は直進する。その道を進むと、五〇〇メートルほどで琵琶湖岸に達する。

彦根城のみならず琵琶湖の湖畔には、いくつもの城郭があった。よく知られている長浜城・安土城・八幡城・膳所城・坂本城・大溝城など、枚挙にいとまがない。八幡城と大溝城については、本章でもすでに述べた。これらの中でも彦根城は、天守をはじめ近世の石垣や城郭建築の多くが残っている点で特に貴重である。天守が国宝であるのに加え、玄宮楽々園（後述）が名勝などに指定され、また、城郭と周囲のほぼ中堀の内側が特別史跡となっている。

彦根駅から来て、最初に堀端に出会った東の角に戻ろう。そこから中堀沿いの道を、堀を左に見て直進する。さらに直角に曲がった中堀を渡って右に折れ、すぐ左に転じて進むと、内堀に達する。今度は内堀を左に見て堀端を進むと、右側に井伊直弼の旧居であった埋木舎（うもれぎのや）がある。庶子（嫡出ではない藩主の子）であった直弼の、内堀に沿った堀の外側に設けられた屋敷である。その直弼が、幕末の彦根藩主となり、また江戸幕府の大老となったことはよく知られている。

屈曲した内堀東側の堀端をさらに進むと、天守の北東方に当たる内堀の外側に、現在は玄宮楽々園と称されている、池沼庭園付きの広大な施設がある。これはもともと、延宝七年（一六七九）に完成したとされる藩主の下屋敷であった。下屋敷は「槻御殿」と称されたが、その建物部分を「楽々園」、庭園部分を「玄宮園」と呼んでいた。

玄宮楽々園の外（北東）側に、現在は広い運河状の水面と、その奥に彦根港と称する船溜があるが、そのさらに北東部は彦根市の総合運動場となっている。

かつてこの一帯から北東方には、先に述べた松原内湖が広がっていた。近世の絵図（「御城下総絵図」、以下「絵図」）では、中堀も内堀も直接その内湖とつながっていた。「絵図」が表現する状況を、彦根城の北東部では松原内湖が中堀と内堀を兼ねていたと表現するか、あるいは槻御殿は内湖中に半島のように突出していたと表現するのが的確かもしれない。いずれにしても、彦根城は琵琶湖の湖畔に位置するのみならず、松原内湖に直接臨んでいたのである。

このように内湖中に突出した位置に存在していた城主の下屋敷に対し、城主の正式居館であり、藩の政庁でもあった「表御殿」は内堀内側の東部（城郭内）、天守の南東方の位置にあった。表御殿は元和八年（一六二二）に造営されたという。表御殿そのものはなくなっているが、遺構は確認されている。

天守のある彦根山（標高約一三九メートル）は、城下との比高が約五〇メートルである。彦根山がそれほど高くはない孤立丘であるので、彦根城は山城でも平城でもなく、いわゆる平山城に分類されるのが普通である。内堀はこの彦根山の山裾を取り囲んでいる。

内堀の内側には、山麓との間に腰（こし）曲輪が回廊のように廻り、山裾には切り崩した切り岸（人工的な崖）が続いている（図36）。腰曲輪には、槻御殿のすぐ西の黒門口をはじめ、表御殿近くの表門口、天守南西の大手門口、北端に近い山崎門口があり、内堀にはそれぞれの門への橋が架けられていた。

図36　彦根城内堀

先に述べた、湖岸へとまっすぐに向かう中堀西側の堀端の道からは、京橋を渡っていったん京橋口御門を通って内堀に向かい、内堀の堀端を進んで、大手門口御門への橋を渡らねばならない。さらに天守へは、大手口から、太鼓丸を経て本丸へとたどる。

中堀沿いの近代初期施設群

右に描写してきたような屈曲を伴いながら、内堀は彦根山を取り巻く不定形な楕円状であり、中堀は全体として長方形に近いが、北西隅と南東部を大きく欠いた状況である。内堀と中堀の間は従って、馬蹄形に近い複雑な形状を呈する。

内堀・中堀間は「内曲輪」とも呼ばれ、北東部の城主下屋敷（槻御殿）をはじめ、もともと重臣や庶子の屋敷地区であった。現在でも下屋敷は、すでに述べたように旧状をとどめている。さらに表御殿跡向かいの内曲輪には、漆喰壁・下見板張の、大きなL字型の馬屋も現存している。この馬屋には、藩主などの用に供する二一頭もの馬を常備したという。

また京橋口門をくぐったところには、長大な漆喰壁・下見板張の旧西郷屋敷長屋門（図37、彦根では残存最大）や高麗門が残り、その向かいには長野伊豆屋敷などがあった。この西郷や長野は家老であり、まさしく重臣の屋敷であった。内曲輪の南東部には、ほかに庶子の屋敷（広小路屋敷・大手前屋敷など）もあり、北西部には藩校（「弘道館」など、何回か名称が変遷）もあった。

図37　旧西郷屋敷長屋門

ところが近代に入ると、この内曲輪およびその外側の中堀沿いには、さまざまな公共施設・近代施設が建設された。

再び中堀南端に近い京橋に戻りたい。堀端の道から京橋を渡った中堀の内側（内曲輪）には、学校（滋賀県立彦根東高校）がある。西郷屋敷長屋門の向かいであり、近世には長野伊豆屋敷などが存在した場所である。ここに、同校前身の「滋賀県尋常中学校」の新校舎が建設され、同校が移転してきたのは明治二二年（一八八九）であった。同校のほかに、西郷屋敷長屋門の西北には裁判所・検察庁なども設置されている。

同校は明治九年（一八七六）、藩校（弘道館講堂は「金亀会館」として移転、存続している）を基礎に成立した「第三大学区第十一番中学区彦根学校」を母体としている。学制改革により「彦根中学校」などの時期を経て、現高校となったものである。藩校・中学校などであった時期の位置は、内曲輪の西北端に近い、現在の彦根市立西中学校の位置であった。

内曲輪ではないものの、西中学校の中堀を挟んだ北西部には、滋賀大学がある。大正一二年（一九二三）に開学した彦根高等商業学校が前身であり、同一三年に建設された外国人教師官舎一棟、翌年完成の講堂（図38）などの近代の建築物が現存する。

このように城郭周辺の上級武家屋敷地区が近代初期の文教・公共施設用地となった状況を確認することができる。城郭を取り巻く内堀・中堀間の内曲輪一帯が、内堀・中堀をほぼそのまま維持しているだけでなく、重臣屋敷の門などを残すとともに、明治以後に公共施設の用地に転用された典型的な例である。内曲輪には、近世と近代の施設が混在していることになる。

図38　彦根高商講堂

城下の町並み

中堀の外側には、さらに外堀が設けられていた。南西側の外堀は屈曲が少なくほぼ県道大津能登川長浜線付近であった。南東側の外堀は何ヶ所か屈曲があるが、南北に続く長松院前町・蓮花（華）寺前町・元安養寺町の東側（外馬場町・水流町との境界）であった。

この中堀と外堀の間は「外曲輪」とも呼ばれ、中級の武家屋敷と町屋地区があった。彦根では、この外堀の内側（外曲輪）の町を「内町」、外側の町を「外町」と呼んだ。例えば同じ町名でも外曲輪に「内大工町」が、外堀の外側には「外大工町」があった。

外曲輪のうち、中堀沿いと外堀沿いの道に沿った部分には、先に中級と表現した知行取（切米取より上位）の家臣の武家屋敷が並び、内町の中心はその中間の二本の街路沿いであった。

外曲輪の南西方側では、中堀に沿った、片側だけの武家屋敷地区の南西側に、かぎ型に屈曲しつつも、ほぼ平行に設けられた二本の街路があり、その街路沿いが町人居住区で町屋の中心であった。二本の街路のうち、中堀に近い方の街路には、「四十九町・桶屋町・連着町・本町」などが、外堀に近い方の街路には「下魚屋町・職人町・上魚屋町」などが並んでいる。

そのうちの下魚屋町には、現在でも図39のように、伝統的な町屋地区のたたずまいが見られる。町屋の区画は、街路の両側に、いずれも長方形の敷地の短辺を間口としており、家々は奥深い敷地に、軒を接して建てられている。職業別には、「魚売」が圧倒的に多く、家持で二八軒、借家で二〇軒におよんだ。茶・紙・煙草・塩・米・桶など、他の業種は各一、二軒でしかなかった。

上魚屋町も類似（家数九二、魚屋三三）の構成であり、琵琶湖の魚、海の魚とも上下の魚屋町に運ばれ、取引されたとみられる。いわゆる同業者町をなしていたことになる。

城下では、ほかにも類似の状況がみられた。内大工町（家数五七、大工二二）、外大工町（家数五八、大工一二）、鍛冶屋町（家数二五、鍛冶屋二〇）、桶屋町（家数三八、桶屋一三）、上細工町（家数三九、細工四）、紺屋町（家数六一、紺屋一三）、油屋町（家数四七、油屋二）など、町名にかかわる同業者が多い例が知られている（『新修彦根市史（第一〇巻）景観編』）。

外曲輪西南部における東北・西南方向の街路では、京橋から西南へと延びる街路沿いに「本町」があり、さら

図39　彦根下魚屋町

に南西へ延びて、「元川町」で外堀を渡った。

一方南東部では、芹川南岸を進んできた朝鮮人街道（京街道）が、芹川を渡って橋本町に入り、さらに屈曲したうえで、土橋町で外堀を渡って外曲輪に至った。土橋町までの外堀外の街道沿いには、外町が連なっていた。

外曲輪に入った朝鮮人街道は、「通り町・伝馬町・佐和町」を形成して北東へと向かい、外曲輪から再び外堀を渡って曲輪外に出る。外堀外の街道沿いが外町となる。さらに「彦根町・柳町」を経て、方向を転じて「北新町・外船町」などのいずれも外町を経て、鳥居本方面（中山道）へと向かう。

これらの多くの町は、「四十九町手、本町手、彦根町手、川原町手」といった四グループに編成されていた。先に挙げた下魚屋町などの内町が四十九町手に含まれ、ほかに外堀外南西の外町も含まれていた。本町手はすべて内町で構成され、彦根町手と川原町手はすべて外町で構成されていた。

朝鮮人街道沿いの伝馬町で北西へと分岐した街路が、京橋通りと交差する地点が本町であった。また上・下魚屋町のうち、上魚屋町が朝鮮人街道寄りであったから、朝鮮人街道を通じて、京寄りの方向が上りであったものであろう。

彦根城とその城下は、非常によく近世の状況をとどめている。

第四章　水辺の祈り

第一節　湖上の鳥居、神輿の船渡御

島の女神――竹生島神社

竹生島（長浜市早崎町）は、湖北から突出したつづら尾半島の先端から、約二キロメートル南の湖上に浮かぶ、周囲約二キロメートルの孤島である。周囲の水深が極めて深いこと、またその湖底からいろいろな完形の土器などが発見され、祭祀遺跡ではないかと考えられていることは第二章第二節ですでに触れた。島は花崗岩の一枚岩からなっている。最高点が標高一九七メートルであり、島の周囲は切り立った岸壁で取り囲まれている（図40）。

島はもともと常緑樹で覆われていて、緯度が比較的高い島にもかかわらず形成されていた暖地性常緑高木のタブノキ林は、滋賀県の天然記念物に指定されていた。ところが昭和五二年（一九七七）にカワウが侵入したことが確認され、その後の著しい増加によって糞害がひどくなった。そのために杉も含めた樹木の多くが枯死するに至り、景観にも大きく影響した。滋賀県の駆除によって被害は軽減したが、植生の復活はまだ十分ではない。

竹生島には、都久夫須麻（つくぶすま）神社（竹生島神社）と宝厳（ほうごん）寺（後ほど改めて触れる）があり、明治初期の神仏分離までは、両社寺が一体であった。現在でも、島の東南の船着き場から急な

図40　竹生島

図41　竹生島港と竹生島神社・宝厳寺への石段

石段（図41）を上った先には、都久夫須麻神社の鳥居と、そのすぐ手前に宝厳寺の名称を刻んだ石柱があり、島の東側に社殿などの神社の施設が多く、西北側には寺院の堂宇が多い。

第一章で述べたつづら尾半島の菅浦と、半島西側付け根付近の大浦下庄との、中世における荘堺相論をめぐる絵図（「近江国菅浦与大浦下荘堺絵図」）にも、竹生島が大きく、また多くの社殿・堂塔の状況とともに描かれている（口絵6）。あたかも菅浦の「庄（荘）堺」を保証する権威であったかのような表現であり、実際にも竹生島は延暦寺とつながりがあった。

竹生島神社には「市杵島比売命、宇賀福神、浅井比売命、龍神」が祀られている。市杵島比売命は『日本書記』に「市杵島姫命」として見える神である。「宗像三女神」の一柱として、九州の宗像大社沖合の孤島、沖島に祀られている神でもあり、竹生島もまた琵琶湖北部の孤島であることは共通している。

浅井比売命は地元浅井郡の神社であり、有力氏族であった浅井氏の氏神ともいう。

宇賀福神は弁才天を祀り（明治以前、竹生島神社は「弁才天社」とも称した）、「三社弁才天まつり」や、「十五童子祭」（水への感謝と願いを神札に託して琵琶湖へ沈め、神事船によって竹生島を二周する）の行事がおこなわれている。

龍神はご神体が琵琶湖そのものであり、龍神拝所からは琵琶湖が望める。願い事を記したカワラケを投げて、眼下の崖上に立つ鳥居（図42）の間を通過すると願い事がかなうという。

竹生島は歴史上も著名であり、木曾義仲討伐に赴いた平経正が琵琶の曲を奉納したことが歴史物にも語られている（『平家物語』）。また、弁才天や龍神が登場する、能の演目「竹生島」でもよく知られている。

図42　竹生島神社の龍神拝所から見た鳥居

いずれも、水と琵琶湖とのかかわりが深い神々や神事・霊験であり、いわば水辺の祈りを物語るものであろう。

武家の信仰も厚かったが、例えば天正九年（一五八一）には、織田信長が長浜から渡って「竹生嶋御参詣」（『信長公記』）に赴いたことも知られる。

現在、竹生島へは、湖西の今津

港、湖東の長浜港からクルーズ船の定期便が出ている。また浜大津や彦根などからも観光船が就航し、多くの信者・観光客が訪れる。島には寺社のほか、東南側の港の近くに土産物店などもあるが（図41）、神官・僧侶・従業員を含め全員が島外から通勤している。つまり、人が居住する民家は一軒もない。人々は参詣と巡礼、あるいはそれらにかかわる仕事のために島にやってくる。

湖上の鳥居——白鬚神社

湖西の湖岸近くを走る国道一六一号が、南から来ても北から来ても、まさしく琵琶湖岸に接し、湖上へ張り出すかのように緩やかに湾曲したところがある。その湖中には、図43のように鳥居が立っている。広い北湖の中央部であり、対岸には遠く沖島を望む位置である。

この国道湾曲地点の陸側に鎮座するのが白鬚神社（高島市鵜川）であり、社伝によれば倭姫命によって社殿が建てられたとされ、猿田彦命を祭神とする。湖中の鳥居はこの白鬚神社の鳥居である。境内は、棟札などから、慶長年間（一五九六～一六一五）に豊臣秀頼によって整備されたとされる。本殿は慶長八年（一六〇三）の造営であり、ほかに境内社一一

図43　白鬚神社 - 湖上の鳥居

座を祀る。貞観七年（八六五）、従五位下の神階を受けた「比良神」（『日本三代実録』）が白鬚神社に当たるとされる。

この付近から南側の比良山麓を描いた「近江国比良荘堺相論絵図」（大津市北比良区有文書）は写しであるが、堺相論の経緯を記した裏書もある。それには、弘安三年（一二八〇）に比良新荘と小松荘・音羽荘との境界を取り決めたが相論は解決せず、永和二年（一三七六）に再び相論絵図を作製したとの経緯が記されている。現存している二点の絵図はその写しだと考えられているが、描かれている表現は基本的に本来の内容と考えられている。

この絵図が描く範囲は、北は「三尾

川（高島市大溝北側の鴨川に相当）」から、南は現在の大谷川（大津市大物）付近まで、東は琵琶湖、西は「阿（安）曇川」流域である。「三尾川」の南側、志賀郡の一番北側に「ウ（鵜）川」が描かれ、その河口付近の北側に「白ヒケ（鬚）大明神」の社殿と鳥居が描かれている。同絵図には、「打下（高島市勝野）」の地名が「三尾川」南側の高島郡内に標記されているので、現状の位置関係と矛盾はしない。

ところが、後世の滋賀郡と高島郡との郡境（現在の高島市と大津市の境界）は鵜川の川沿いであるが、同絵図の表現では、比良山から突き出た山塊の先端に郡境が描かれ、両側に「高島郡、志賀郡」と記されている。この表現では「白ヒケ大明神」までが、南側の志賀郡であったことになろう。

さてこの「白ヒケ大明神」は、社殿が陸側、鳥居が湖側に描かれているが、現在は鳥居が湖中にあるのとは異なり、いずれも明らかに陸上である。

この絵図には、比良山の東側「白ヒケ大明神」の南側に、ほかにも神社が三ヶ所描かれている（口絵7）。「ウ川」の南には「比良ノ本庄小松ノ庄社」が、「白ヒケ大明神」と同様に湖向きの社殿（社殿と拝殿か）と、湖側に二つの鳥居からなる様相が描かれている。

さらに南側の川（滝川か）と、その次の川（比良川）の中間に引かれた境界線沿いには、「御霊社」の社殿のみがある。

また、比良川に相当する川と、さらに南の川（大谷川）の間には、「比良荘」の名称と社殿、拝殿および三棟の建物（このうちの一棟は御旅所か）、および三つの鳥居が描かれている。社殿・拝殿と思しき表現ならびに鳥居は、いずれも「ウ川」の南の神社と同様に、湖に向かっている。

比良荘堺相論絵図の「白ヒケ大明神」の位置は、鵜川の北側であり、現状と矛盾しない。しかし図上の鳥居は陸上であり、湖上ではない。近世の屏風（「紙本着色近江名所図 六曲屏風」琵琶湖博物館蔵）には、湖に延びた浜のような陸地に鳥居を描いていて、以前の鳥居はやはり陸上であったことは間違いないと思われる。

曾根沼や大中之湖の成立、さらには塩津の湖面以下の遺跡には、琵琶湖の水位上昇がかかわっていたことを改めて第五章で紹介するが、「白ヒケ

図44　樹下神社と天満宮の拝殿（それぞれの奥に本殿）

図45　湖畔の鳥居（上）と天満宮御旅所（下）

大明神」の湖中の鳥居もこのような水位上昇が契機であった可能性がある。

　また、三つの鳥居が描かれた神社には名称は記されていないが、比良川と大谷川の間に位置する表現である。これが現在、やはり両川の間に位置する、天満宮（鳥居脇の石柱は「天満神社」、北比良）・樹下（じゅげ）神社（大津市南比良）である可能性が高い。

　現在の天満宮（北側）と樹下神社（南側）にはそれぞれの鳥居と参道・社務所などがあり、両社の社殿・拝殿が同一境内にそれぞれ別棟として南北に並んで建てられている（図44）ことと、比良荘堺相論絵図に多くの建物が表現されていることとが関連するのであろうか。

現在でも天満宮からまっすぐ湖畔へと道が向かい、湖に向かって鳥居が立ち（図45上）、この様相は寛文九年（一六六九）の絵図でも確認される。さらに、すぐ付近に「天満宮御旅所」でもある「観音堂」（図45下）がある点でも、先の比良荘堺相論絵図の表現と同様の状況である。天満宮の神輿はこの付近（北比良）へと巡行し、樹下神社の神輿は南比良の集落へと巡行する。元は別々の期日であったというが、その後四月二五日に統一され、さらにそれに近い日曜日へと替えられた。

いずれにしても、天満宮・樹下神社ともに山麓近くに位置し、湖畔には天満宮の鳥居や御旅所を設けるなど、山麓から湖畔までの連なりを強く意識した立地構成である。比良山東麓の村落の領域を反映したものであろうし、それを反映した比良荘堺相論絵図が描く立地と同様であるとみることができよう。

神輿の船渡御——日吉大社

南湖の西側の湖畔、七本柳の浜（坂本城跡北側、大津市下阪本）と呼ばれるところには、図46のように、まさしく湖に臨んだ鳥居が見られる。通常の鳥居に山形を載せたような独特の鳥居で、山王鳥居（さんのうとりい）と呼ばれ、近くの日吉大社（大津市坂本）の鳥居（東本宮などへの入り口

図46　日吉大社、七本柳の浜

の二番目）と同じ形状である。鳥居の前には板敷きの広い台が設けられている。

日吉大社（かつて日吉社とも）は、全国三〇〇〇社以上の日吉・日枝・山王神社の総社であることはいうまでもない。『古事記』に「日枝の山に座す」と記された「大山咋神」が、後に動座したとされる「東本宮」と、「大己貴神」を祀る「西本宮」、さらに八王子山山頂の磐座の左右に祀られる「牛尾宮・三宮」、および麓境内の「樹下宮・白山姫宮・宇佐宮」など、いわゆる山王七社からなる。

延暦七年（七八八）、最澄が比叡山寺（後に延暦寺）を建立すると、日吉社をその守護神としたことから、延暦寺と日吉大社は強く結びついた。その後の歴史に両社寺がたびたび登場することは繰り返すまでもない。坂本は、日吉大社の門前、かつ延暦寺の里坊（延暦寺僧侶が居住する支院）の所在地として繁栄したが、一方で戦乱にも巻き込まれた。

現在の坂本は、日吉大社の神社施設群とともに、伝統的な穴太積(あのうづみ)（穴太衆積とも）などの石積みを施した里坊群が参道に沿って並び、非常に特徴的な景観（図47）を呈している。

さて、日吉大社の祭礼は「山王祭」ないし「日吉山王祭」と呼ばれ、山王七社の神輿七基の巡行・渡御が中心である。渡御は次のように執りおこなわれている（日程には多少の変更がある）。

まず、三月初めには二基の神輿を神輿庫から八王子山山頂に運ぶ「神輿上げ」と、「大榊(さかき)」の儀式（大榊が坂本・下阪本を練り歩いた後、天孫神社〈大津市四宮町〉へ向かう）がおこなわれる。

四月一二日に神輿が八王子山から東本宮に下ろされると、一三日に「花渡り式」がおこなわれ、稚児を先頭に造花の大指物を持った青年たちが練り歩く。さらに東本宮・宵宮場で「宵宮落し」の後、神輿は西本宮拝殿に遷されて山王七社の神輿がそろう。一四日の大榊還御、天台座主による奉幣などに続いて、

図47　坂本の町並みと石垣

山王七社の神輿の坂本・下阪本巡行がおこなわれる。

　このうちの五基が、七本柳の浜から神輿船（台船）に乗せられて船渡御に出る。宮司は南の唐崎神社へ陸路先行し、「粟津の供御（お供え物）」を捧げる膳所の神官・氏子とともに小舟で同社沖へ出て神輿を迎える。

神輿を乗せた船が着くと、唐崎沖において神輿に粟津の供御などを献じて祝辞を奏上する。その後、宮司一行は神輿船に乗り移って坂本湖岸の比叡辻に戻り、そこで上陸する。神輿はまっすぐ坂本へ向かって西本宮へと還御し、膳所の人々は唐崎へと帰還する。一五日には、諸社の巡拝がおこなわれ、祭礼が終了する。

下阪本湖畔の山王鳥居は、このような日吉山王祭の船渡御がおこなわれる乗船の場であった。神輿の渡御は、八王子山山頂への神輿上げと、唐崎沖までの船渡御を伴っているのである。湖畔の山王鳥居は、祭礼の重要行事の一つが、湖上でおこなわれることを物語っている。

第二節　湖上の札所、湖上のお堂

島の札所――宝厳寺

竹生島の宝厳寺が明治初期の神仏分離以前、竹生島（都久夫須麻）神社と一体であったことは前節で述べた。両社寺は一体として、「竹生島大神宮寺」あるいは「竹生島権現」と称されたこともあった。

宝厳寺は、天平一〇年（七三八）、行基が来島して、小堂を立てたのが始まりとされている。本堂（弁才天堂とも）の大弁才天を本尊とし、行基に由来する東大寺の傘下寺院、次いで延暦寺支配下の天台寺院であったが、後に真言宗豊山派（総本山は奈良の長谷寺）の寺院となった。

境内の観音堂（重要文化財）の本尊は千手観世音菩薩であり、近世には弁才天信仰の島、ならびに「西国三十三所」の第三十番札所として、とりわけ多くの人々が訪れた。

西国三十三所は「西国三十三所観音霊場」とも呼ばれ、千手観音や十一面観音・如意輪観音などの観音菩薩を本尊とする札所を巡礼・参拝することによって、現世での罪業が消滅し、極楽往生ができるとされる。宝厳寺と同じ真言宗豊山派をはじめ、真言宗・天台宗の各派寺院によって構成されている。西国三十三所霊場の存在範囲は、基本的に近畿地方の二府四県であるが、それに加えて岐阜県の華厳寺（揖斐川町）が含まれている。

竹生島が平経正や織田信長などの武家の奉納・参詣を受けたことはすでに述べたが、さらに慶長七～八年（一六〇二～〇三）、豊臣秀頼の命によって片桐且元が奉行として、復興・整備したことが知られている。その際、観音堂や本堂（現在の竹生島神社本殿、図48）、唐門（国宝）、渡廊（舟廊下、図49）など、多くの堂宇が再建された。

図48　竹生島神社本殿（旧宝厳寺本堂）

京都東山の豊国廟の極楽門が移されて、この観音堂西側の唐門とされたことが文書資料や、修理の際の調査によって判明している。確かに唐門は典型的な桃山様式であるが、ほかにも渡廊なども移築され、改変されたものであることが判明している。さらに唐門や渡廊は、もともと大坂城極楽橋が移築されたものと推定され、その極楽橋の推定復原も試みられている。

宝厳寺はこのように、八世紀の行基に由来し、一二世紀を舞台とする『平家物語』に登場するのをはじめ、一六世紀末〜一七世紀初頭には織田氏・豊臣氏の尊崇を集めた湖上の寺院であり、桃山様式の建物を伝える。

図49　舟廊下（竹生島の渡廊）

湖に臨む札所——長命寺

宝厳寺に次ぐ、西国三十一番札所が長命寺（近江八幡市長命寺町）である。琵琶湖に臨む長命寺山（標高三三三メートル）の山腹（標高二五〇メートル付近）にある。長命寺山を含む山塊は、近江八幡の市街とその北西部の鶴翼山から見れば、もともとは東を旧大中之湖（現在は干拓地）、南を西の湖から続く水面（現在は長命寺川）とによって、西南は津田内湖（現在は干拓地）によって、湖東平野と切り離された、島のような位置であった。

事実、長命寺山から続く奥島山（標高四二五メートル）の山塊東南側一帯は、近江八幡市立島小学校の島学区（島町〈旧蒲生郡島村〉・北津田町・中之庄町など）と呼ばれ、地元でも島という認識であった。

山麓（北津田町）には「大嶋神社・奥津嶋神社」と称される、両社が合祀された神社がある。奥に両社の本殿（向かって左側の大嶋神社本殿が三間社流造、右側の奥津嶋神社の本殿が一間社流造）が並び、その前面に両社共通の横長の拝殿が存在する、珍しい様式の社殿構成である。大嶋神社は大国主命を、奥津嶋神社は奥津嶋比売命を祀る。

なお長命寺山北側の琵琶湖の湖上には、「はじめに」で紹介した沖島があり、そこにも、港近くの小山に奥津嶋神社が祀られている。

さて長命寺は、長命寺山の麓、正面に三上山（みかみやま）が見える琵琶湖岸（長命寺川の河口付近）の長命寺港から、ほぼ直登の急な石段（図50）を上った先である（現在は西側につづら折れの自動車道が整備されている）。石段は計八〇八段におよぶという。湖東の三上山が正面に見える

図50　長命寺（港からの石段）

こと自体が、長命寺山の琵琶湖への突出を反映している。

つまり、かつては湖面を船で渡らねばならない島の寺院であり、この点で宝厳寺と同じような立地であった。札所の順番通りの巡礼であれば、宝厳寺のある竹生島から、船で長命寺港に立ち寄ることになったはずである。

長命寺は鎌倉時代以来、近江守護であった佐々木六角氏の崇敬を受け、比叡山延暦寺西塔の別院でもあった。しかし堂宇は中世末の兵火によって焼失し、その後江戸時代初期にかけて再建された。現在、入母屋造、檜皮(ひわだ)葺きの本堂をはじめ、当時再建の堂宇が残っている。本堂のほか、柿(こけら)葺きの三重

図51　長命寺本堂から見える琵琶湖

塔、護摩堂、鐘楼などが国の重要文化財に指定されている。本堂からも木立越しに琵琶湖を望む位置である。図51のように、本堂からも木立越しに琵琶湖を望む位置である。

また、本尊三像とされる木造千手観音立像、木造十一面観音菩薩立像、木造聖観音立像をはじめ、平安・鎌倉時代の仏像なども重要文化財に指定されている。

かつて一九の支院があったというが、現在でも山麓の港近くの穀屋（勧進所を意味する）太子堂など、三ヶ寺が残っている。港と長命寺への石段の間には、これらの寺社や土産物店があり、門前町の様相を呈している。「長命寺参詣曼荼羅」（長命寺本）にはこれらの寺院や、港近くの門前のにぎわい、また港を行きかう人々を乗せたヒラタ船（平底船）が描かれている。とりわけ目に付くのは正面に描かれた大きな鳥居であり、神仏習合の様相を反映している。現在でも穀屋太子堂の近くに日吉神社が鎮座する。

三井晩鐘・堅田落雁――三井寺・浮御堂

「近江八景」のうち、「矢橋の帰帆」については、すでに第二章で紹介した。八景のうちの七景は市街や街道が多い南湖の情景である。唯一、北湖西岸の冬景色である「比良の暮雪」もまた、南湖の湖畔から眺めることができる。

近江八景の一つ「三井晩鐘」は、神護寺（京都市右京区高雄）・平等院（宇治市）と並び称され、その響きが愛でられた三井寺（大津市園城寺町）の名鐘の音である。この鐘の音には、子供を残して琵琶湖に呼び戻された、龍女への知らせだという伝承がある。町に、湖上に渡る鐘の響きに、水辺の祈りを重ねた言い伝えであろう。

三井寺と呼ばれるのは、霊泉（閼伽井屋の清水）が湧き出る「御井の寺」とも呼ばれたことによるとされ、正式には長等山園城寺（以下三井寺）という。長等山（標高三五四メートル）の東の麓、琵琶湖の湖面から一〇メートルもない高台にあって、琵琶湖を望む位置である。南院の観音堂は如意輪観世音菩薩像（重要文化財）を本尊とし、西国三十三所霊場の第十四番札所である。

三井寺は、天智天皇に始まる近江朝が大友皇子（弘文天皇）で滅んだ後、その皇子大友与多王が霊を弔うために建立したと伝える。九世紀に円珍が中興し、天台別院（寺門）とした。その後、寺門が延暦寺（山門）と対立・抗争を繰り返したことはよく知られている。

中院の金堂（国宝）は、豊臣秀吉によって破却されたが、その遺志により高台院（秀吉の正室、北の政所）が寄進した、入母屋造、檜皮葺きの和様仏堂であり、ほかにも国宝・重要文化財に指定されている堂宇や、同じく木造智証大師坐像・関係文書典籍などの文化財、さらには名勝庭園など指定文化財も多い。

先に述べた梵鐘を吊る鐘楼（図52）もまた重要文化財であり、木立で囲まれていて湖を見ることができないが、南の観音堂（西国十四番札所）か

図52　三井寺鐘楼

らは市街も湖面も眺めることができる。

やはり「近江八景」の一つに「堅田落雁」がある。雁（鴨などの水鳥）は、琵琶湖に限らず、晩秋から日本各地の水辺にやってくる。近世に刊行された日本図には、日本海北端付近に、雁道（「がんどう」とも）といった陸地が描かれていることが多い。雁がやってくる北方にあると想像された陸地であった。

列になって飛んでくる雁はどこでも、落ちるように水面に降りる。それが堅田に結びついたのは、やはり浮御堂の存在が大きかったであろう。

図53　浮御堂

歌川広重の「堅田落雁」（天保五年〈一八三四〉ごろ、宝永堂刊）もこの浮御堂を描き込んでいる。

浮御堂は、臨済宗大徳寺派の満月寺の湖上に突き出た仏堂である。寺伝によれば、源信（恵心僧都、九四二～一〇一七年）が比叡山横川から琵琶湖を眺めると、毎夜かくかくたる光明が現れるので、網ですくい取らせると黄金の阿弥陀仏像（一寸八分、五センチメートル余）であったという。そこで、阿弥陀仏像一体を造ってこれを体内におさめ、浮御堂を創建して千体の阿弥陀仏像とともに奉安したという。

浮御堂では、魚類殺生供養に加え、湖上通船の安全も祈願した。浮御堂には、先に触れた広重のみならず、松尾芭蕉などが訪れて湖上仏堂の情景を詠んだ。

なお現在の浮御堂は、昭和九年（一九三四）の室戸台風によって倒壊した後で再建された（図53）。現在も、「千本仏」と称して阿弥陀仏一〇〇〇体を安置している。まさしく水辺の祈りである。

第五章　琵琶湖――水辺のなりたち

第一節　琵琶湖の生成

琵琶湖と周囲の分水嶺

琵琶湖は周囲を山脈や山地によって取り囲まれた湖であり、琵琶湖へと流入する河川の分水嶺ともなっていることは繰り返すまでもないであろう。西側には、湖岸近くに比叡・比良山地が南北に続き、北には野坂山地、東北には伊吹山地があり、東から西南方向へは鈴鹿山脈が延びている。南には信楽（しがらき）山地が広がり、醍醐山地に続く。

周囲の分水嶺から流下する多くの河川が湖岸に平野をつくり、水辺の生活と生業の基盤となっている。主要河川では、西岸の安曇川や鴨川が、東岸では姉川・天野川・犬上川・愛知川・日野川・野洲川などが琵琶湖に流入し、流域に平野を形成している。

琵琶湖は南が狭く、北が広くて琵琶の形とも称され、名称の由来ともされる。琵琶湖へ流入した多くの河川の水は、湖の南端に集中し、瀬田川によって流れ出る。琵琶湖周辺の河川では、最南端の信楽山地から流出する大戸川のみは、琵琶湖ではなく、そこから流出する瀬田川と合流し、直接の支流となっている。

瀬田川の下流は宇治川と呼ばれ、京都市内を流れる鴨川・桂川や木津川などの支流を合わせて淀川となって大阪湾に流れ出る。

これらの琵琶湖を取り巻く分水嶺が、多くの場合、滋賀県の県境となっている。琵琶湖を中心とした滋賀県は、ほぼ旧近江国（淡海と表現することも）の範囲でもある。県域は本州中央部西寄りの内陸に位置し、分水嶺が境界となって、南西側は京都府と、北は福井県と、北東側は岐阜県と、南東側は三重県と境を接している。

琵琶湖は、面積六八一平方キロメートルに及ぶ日本最大の湖であり、滋賀県の約六分の一の面積を占める。東西幅は、最大約二二キロメートル、南北約六三キロメートルである。湖岸線は総延長二三〇キロメートル以上に達する。琵琶湖を中心にその周辺地域を湖東・湖南・湖西・湖北と呼ぶことが多い。

琵琶湖の東岸（守山市今浜町）には野洲川の広大な三角州が、西岸の堅田の湖岸側（大津市今堅田付近）には真野川の三角州が延びている。この間が琵琶湖の最狭部となっており、東西の幅が最小（一・三五キロメートル）である。昭和三九年（一九六四）にはここに琵琶湖大橋が開通し、以来、湖東・湖西の陸上交通を結び付けている。

この最狭部は、琵琶湖南端の瀬田川流出口付近から北へ四分の一ほどの距離であり、そこから南側に延びる全湖面の一〇分の一ほどを南湖と呼び、北側の一〇分の九を占める広い湖面を北湖と呼ぶ。

北湖には、人が住む沖島があるのをはじめ、寺社のある竹生島がよく知られ、これらよりはるかに小さいが多景島（たけじま）もある。

南湖の西岸（北湖の南西岸の一部を含む）から、南端の瀬田川両岸にかけては、大津市域（ほぼ旧滋賀郡と旧栗太郡の一部、以下いずれもおおよそ対応する旧行政領域）となっている。北湖の湖岸には、大津市の北側から右回りに、湖西の高島市（旧高島郡）、湖北の長浜市（旧浅井郡・旧伊香郡・旧坂田郡の一部）、湖東の米原市（旧坂田郡）、彦根市（旧犬上郡）、東近江市（旧愛知郡）、近江八幡市（旧神崎郡・旧蒲生郡）、野洲市（旧野洲郡）などが並んでいる。北湖の南東端から南湖の東岸にかけては、守山市（旧野洲郡）、草津市（旧栗太郡）が湖に臨み、南端の大津市に至る。

琵琶湖の生成と古琵琶湖層群

このように広大な琵琶湖であるが、現状の琵琶湖となる以前の様相についても研究が進んでいる。もともとは、はるか南方の三重県伊賀盆地付近にできた湖（研究上「古琵琶湖」と名付けられている）であった。この琵琶湖の原形が形成された時期は、約四〇〇万〜六〇〇万年前と考えられている。

古琵琶湖の湖底堆積物（古琵琶湖層群）の調査結果などから、構造運動によって水面が次第に北へと移動し、比良山系（最高所標高一二一四メートル、南北約二〇キロメートル）の盛り上がった地塁（両側を断層に挟まれた堤防状の地形）によって止められる形で、約四〇万〜一〇〇万年前に、ほぼ現在の位置になったとされる。

古琵琶湖層群は、堆積した時期の古琵琶湖の状況を反映して、さまざまな厚さの泥層と砂層、一部に火山灰層が堆積した地層であり、初期の古琵琶湖があった伊賀盆地や野洲川・日野川の上流域などに広く分布している。琵琶湖岸近くでは、湖西の饗庭野や堅田丘陵、湖南の瀬田丘陵などが代表的な古琵琶湖層群からなる丘陵である。標高は一一〇メートル程度から二〇〇メートル程度であり、現在の琵琶湖水面より二〇〜三〇メートル以上は高くなっている。堆積の時期や状況によって多様であるが、多くは浸食されて浅い谷が刻まれた、なだらかな起伏の丘陵地帯である。

湖西の饗庭野は基本的に近くの村々の共有林地帯であったが、現在は陸上自衛隊の演習場となっている。堅田丘陵はもともと谷沿いに多くの棚田が造成された棚田地帯であり、今も棚田は残るが、現在では住宅団地の造成が進んでいる。

湖南の瀬田丘陵もまた、近年住宅団地や工場・公共施設などの立地が進んだ地域であるが、八世紀を中心とした製鉄遺跡が数多く検出されており、古琵琶湖層群に含まれた砂鉄が、歴史的に利用された一帯であったことが知られている。

先に述べたようななりたちを反映して、現在の琵琶湖は、全体として西側の水深が深く、東側に向かって次第に浅くなっている。比良山系の東側の断層が急傾斜で落ち込み、そこへ琵琶湖の湖底の地層が緩やかに沈み込んだ断面となっている。つまり、両地層の接点にできた、断層の角の部分に水をたたえたような構造が琵琶湖である。湖西・湖東の多くの河川はこの水域に流入し、沿岸に平野を形成していることになる。

琵琶湖の水面は海抜約八五メートル、平均水深四一メートルであるが、右に述べた断層の構造によって、最大水深一〇三・四メートルの地点は、湖西の安曇川河口のすぐ沖合である。

湖岸の地形と水辺

周囲の分水嶺から琵琶湖へ注ぎ込む河川の数は、先に挙げた主要な河川を含み、大小四〇〇以上に及ぶ。各流域には、それぞれの河川の堆積による平野が形成されている。平野を構成するのは基本的に、河川の上流側がやや傾斜のある扇状地、中流が洪水堆積物による自然堤防の微高地と後背湿地が交錯した自然堤防帯、下流側が低平な三角州である。

河川の堆積力によっては、明確な扇状地が存在しなかったり（日野川など）、扇状地が湖岸近くまで張り出したりしている場合もある（比良山麓の小河川など）。一般に扇状地や自然堤防は主として砂礫で構成されており、後背湿地や三角州の構成物質には砂土や泥土が多い。

琵琶湖西岸（湖西）最大の安曇川流域や、東岸（湖東）最大の野洲川流域の平野など、湖岸には平野が連続している（例外は、山地が湖水に直接臨む北岸〈湖北〉の一部）。このような平野の背後には、先に述べた古琵琶湖層群が存在し、浸食されて丘陵状をなしていることが多い。とりわけ湖南には、瀬田丘陵をはじめ、古琵琶湖層群の丘陵が広がっている場合が多いことはすでに述べた。

湖西最大の安曇川や、湖東最大の野洲川はとりわけ堆積力が大きく、三角州が琵琶湖に大きく突き出している。このような大河川でなくても河口付近では、河川の堆積によって、三角州などの陸地が湖面に向かって張り出しているのが普通である。

図54は、野洲川の河口付近の三角州の発達を示す例である。同図は、河口付近で二つに

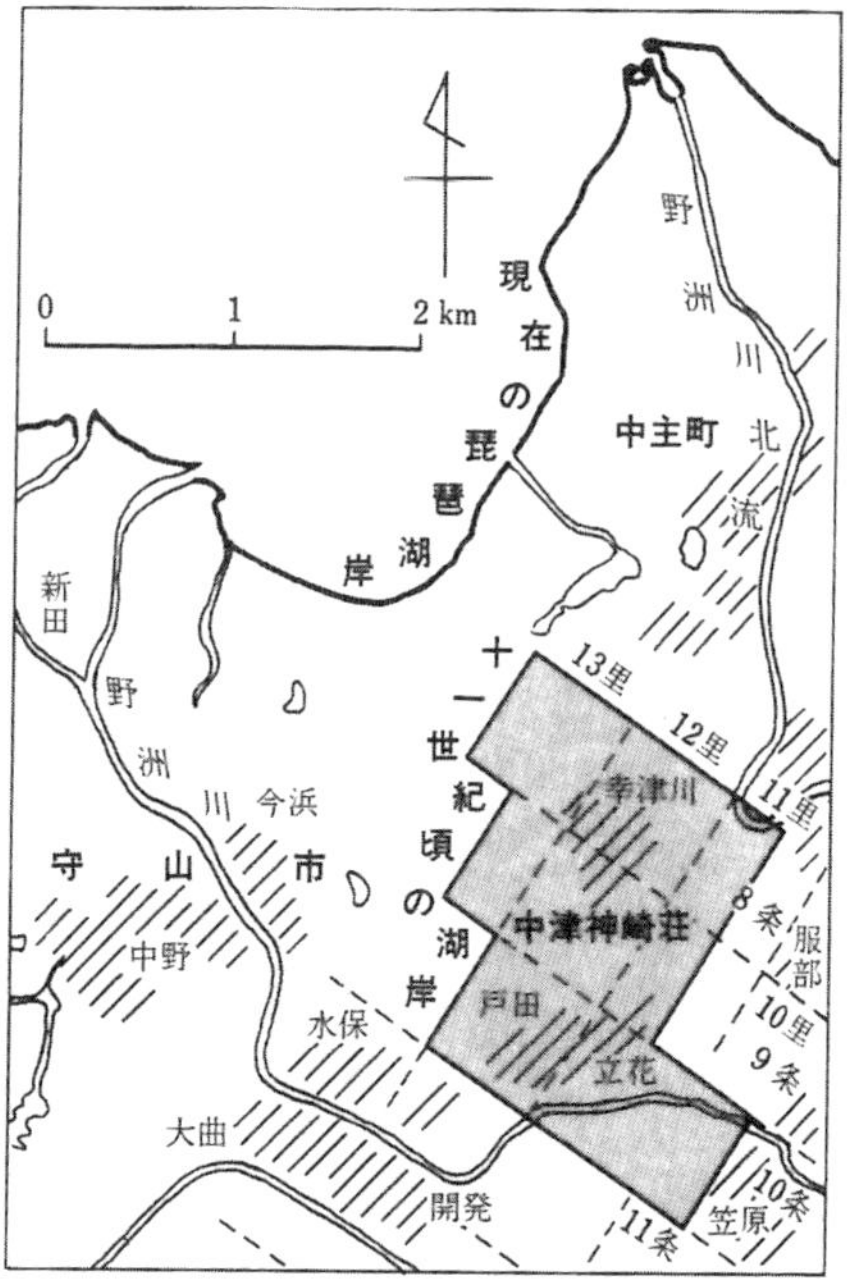

図54　11世紀末ごろの湖岸線（野洲川南流・北流間。『微地形と中世村落』22頁）

分流していた野洲川北流・南流の河道の中間にあった、中津神崎荘（□源寺領）の位置を示したものである。同荘の四至（四方の境界）の西側が「限西浜崎」と記され、一一世紀末ごろにおける湖岸の位置が分かる。

同図を見ると、野洲川の北流・南流ともに堆積が盛んであり、同荘の北端・南端から四キロメートル前後も琵琶湖に突き出しているにもかかわらず、その中間付近では内陸へと大きく湾入し、同荘の湖岸から一キロメートルほどしか堆積・陸化が進んでいないことが知られる。

一般的に、河口付近では堆積によって三角州が発達し、逆に河口から離れると発達がわずかであるか、場合によっては、陸地が沈水して湖沼となる場合もあった。同図は、このような堆積状況による湖岸の変化の典型的な様相を示していることになる。

湖畔における陸化と沈水は、基本的に堆積物の供給量に左右される。沈水は圧密による堆積層の収縮が主な要因であるが、地震の際などにはとりわけ急速に進行する。また、琵琶湖の水位の変化にも左右される。小河川でも、河口付近で三角州が発達したことを示す例や、河口から離れた位置で逆に陸地が沈水し、湖岸が後退したことが知られる例がある。

旧びわ町（現長浜市）下八木の例では、三〇〇年余の間に二〇〇メートルほど陸地が拡大し、河口から遠く離れた位置で沈水した旧新旭町（現高島市）饗庭付近の湖岸の例では、五〇〇年余の間に一〇〇メートルほど陸地が後退した（『地形と日本人――私たちはどこに暮らしてきたか』など）。湖岸付近の湖沼の形成や消滅は、湖岸の環境の大きな変化であった。

第二節　湖畔の変化

内湖の生成と消滅

琵琶湖の湖岸には、琵琶湖と砂州で限られた内陸側にいまでも、いくつもの内湖と呼ばれる付属湖がある。図55は、湖西北部の石田川河口付近とその南側（現高島市今津町）における、典型的な湖岸の地形の一つの例である。いずれも小規模であるが、河口の三角州、沿岸の砂堆、内湖のいずれもが見られる。

石田川は小河川なので流域の平野は広くないが、それでも典型的な三角州が湖岸に張り出している。この三角州南側の湖岸には、石田川によって琵琶湖に運ばれた砂が沿岸流によって湖岸に堆積し、湖岸に沿って帯状に形成されたわずかな砂の高まりがある。砂堆と称される帯状の堆積である。

これに類似する帯状の砂の高まりである砂州は、もともと砂の堆積（砂嘴）が湖（海で

図55　石田川河口付近の三角州・砂堆・内湖（2万5千分の1地形図「今津」）

も）中に形成され、先端が近くの陸地に達したものである。実際には、砂堆・砂州の成長過程や水位の変化などがあって、砂堆と砂州を区別することが難しい場合がある。本書では、湖岸の陸上における帯状の堆積を砂堆とし、帯状の堆積の両側が湖水面の場合をとりあえず砂州と表現する。

この砂堆は、わずかであるが背後の陸地より高く、湖岸に沿って帯状に続くので、砂堆上には道路が通じている場合が多い。石田川三角州南側でもそのような状況であり、道路沿いには、北浜・中浜・南浜と記された集落があり、その南では湖岸側にマツが植樹されている（図55では針葉樹林の記号）。背後（陸側）は低湿な土地なので水田や未利用地となっているが、南浜の南方には小さな内湖の水面がある。

この状況は石田川河口の三角州より北側でも同様である。今津浜と呼ばれるこの砂堆の内陸側には、浜分沼・貫川内湖などのやはり小さな内湖が残っている。

琵琶湖の内湖の多くは干拓されて農地となり、今では少なくなったが、それでも現在なお各所に見られる。湖東では野田沼（長浜市）・曾根沼（彦根市）・伊庭内湖（東近江市）・西の湖（近江八幡市）、平湖（草津市）が、湖西ではすでに述べた浜分沼・貫川内湖のほかに、松ノ木内湖・乙女ヶ池（いずれも高島市）、内湖（大津市本堅田）などが、もともと内湖であるか、あるいは内湖が干拓されて残った、その一部である。伊庭内湖（ほとんど消滅した大中之湖の一部）や曾根沼（元の内湖の北半部）などは、干拓された残存部分なので形状は極めて不自然である。これらの内湖は現在では、淡水真珠の養殖や釣り場として利用されているものが多い。

このような内湖は、基本的に琵琶湖岸に発達した砂州によって湖面ないし低湿地の琵琶湖側が閉ざされてできた潟湖である。琵琶湖の湖岸では、水面の変動や、堆積・沈降などの自然作用によって、また干拓などの人工的営為によって、最も変化が大きい地形でもある。内湖の生成や干拓等について、代表的な例を見ておきたい。

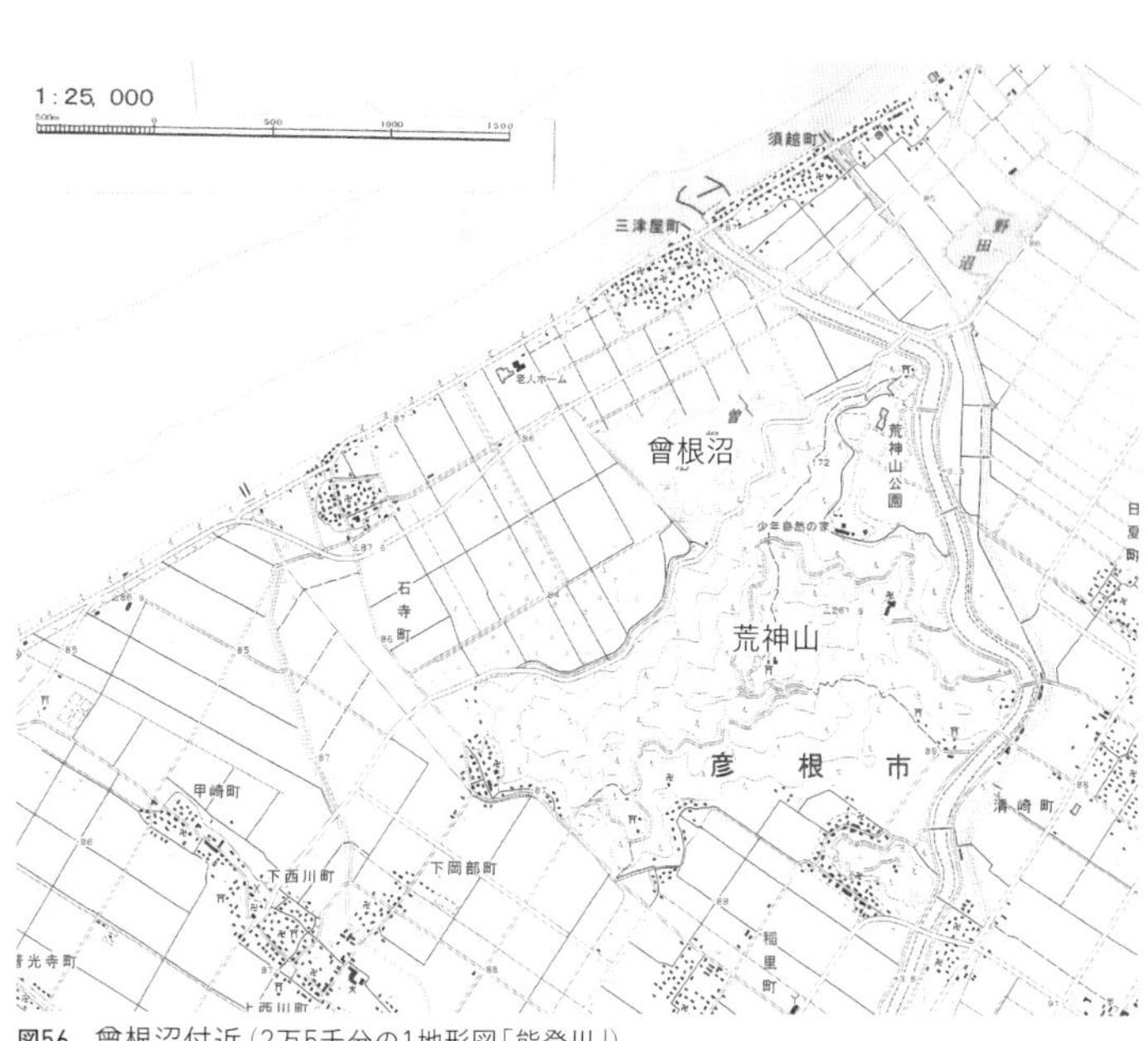

図56　曾根沼付近（2万5千分の1地形図「能登川」）

曾根沼と大中之湖

曾根沼（北半は旧犬上郡三津屋村、南半は旧愛知郡石寺村）は図56のように、東側にある荒神山と琵琶湖岸の砂州との間に位置している。東南方から西北方へと流れる宇曾川が、荒神山の東側を迂回して曾根沼の北側において琵琶湖に注ぐが、宇曾川の堆積が直接には及びにくい山の陰であり、沿岸流によって運ばれて形成された砂州との間にできた典型的な内湖である。砂州の南西側には石寺の集落が、北東側の宇曾川河口付近には三津屋の集落が立地している。

歴史をたどると、天平勝宝三年（七五一）には、この曾根沼の位置に七〇町（八四ヘクタール、犬上郡五三町余、愛知郡一六町余）からなる東大寺墾田があった。同年の覇流（へる）村墾田地図（正倉院宝物）によれば、東側に山が描かれ、西北側に「濱（浜）」の文字が多数、条里プラン（古代の土地区画法）の各区画ごとに記入されている。現地比定の研究によれば、浜の文字列は現在の砂州とほぼ平行の、やや内側である。

東側の山麓には、幅二町（二一八メートル、条里プランの二区画）ほどにわたって「口分田」が分布し、浜寄りの部分には「縣犬養宿禰八重墾田」が東西一～七町にわたって存在した。東大寺墾田（犬上郡部分）は、その墾田と口分田の中央部に東西二～七町にわたって存在し、

図57　曾根沼と荒神山

南部の愛知郡部分にも東西六町余、南北三町余にわたって存在した。東大寺墾田のある中央部には、L字型に湾曲した溝がつくられていたとみられ、排水路であった可能性が高い。

つまり八世紀には、曾根沼の地は低湿地であり、排水路が必要であったが、池沼ではなかったのである。

史料的には一二世紀になると、荘園としての実態は失われていたことが知られている。これは多くの東大寺領がたどった経緯であり、その理由を即断することはできない。ただし、曾根沼が八世紀より後に生成したことは墾田地図により分かる。

曾根沼の位置は宇曾川の堆積が及び

にくく、八世紀の墾田の時点ですでに排水路が必要な低湿地であったことは先に述べた。沿岸流による砂州の発達は続いたが、この低湿地には堆積物の供給が少なく、おそらく圧密によって沈下する一方であり、さらに琵琶湖水面の水位上昇もあって内湖となったものと推定される。

図57は現在の曾根沼と背後の荒神山であるが、非常に水深が浅く、広くホテイアオイが茂っている。沼の中央付近まで、釣りをする人が歩いて行けるほどである。

ところで、曾根沼の南半部（石寺地区）は昭和三八年（一九六三）から排水・干拓され、事業は昭和四三年に完成した（図56）。干拓面積約七八ヘクタールであり、七二ヘクタール余が九六戸の農家に配分された。干拓地の新水田面の標高は八二・七メートルであり、琵琶湖の平均水位より一・八メートル低く、干拓地中央部に幹線排水路と排水機が設置されている。先に圧密による沈下と琵琶湖の水位上昇を想定したが、この干拓地の状況とも矛盾しない。

大中之湖（図58、現在の近江八幡市・東近江市）もまた、観音寺山、鶴翼山、長命寺山などに囲まれて、北東側を流れる愛知川、西南側を流れる日野川のいずれの堆積も直接は及びにくい場所にできた内湖であった。

大中之湖はかつて琵琶湖最大の内湖であった。大中之湖南部には、ほぼ東西方向に一本

図58　大中之湖付近（旧版5万分の1地形図「彦根西部」・「近江八幡」）

の砂州が延びていて、大中之湖の本体と小中之湖などの内湖群とを区切っていた。この砂州の南側が小中之湖（弁天内湖の北側）と称された部分であり、その西側は西の湖と呼ばれている。

周辺に接続した伊庭内湖・小中之湖・弁天内湖・西の湖など、いくつもの内湖を合わせると、面積一五・四平方キロメートルに達した。水深は最深で二・七メートルと浅く、湖面標高は八一メートルだったとされるので琵琶湖より低い。接続した諸内湖を含めて、いずれも曾根沼と同様の状況であった。

小中之湖では、近世末から周辺の村による小規模な陸地造成・開発がおこなわれていたが、本格的には昭和一七年（一九四二）に干拓が始まって、昭和二二年に完成した。

大中之湖本体（伊庭集落北東部の一部と西の湖を除く）の干拓は昭和三二年（一九五七）に始まり、昭和三九年に完了し、同四一年から二一六戸が入植した。干拓された一三〇〇ヘクタールのうち、集落や道路を除く一〇二三ヘクタールが農地として使用されている。干拓地には東西―南北方向に三〜四本の道路と用水路・排水路が建設され、北側中央部に排水機が設置されている（図59）。現在は大中之湖と隣接内湖群のうち、大中之湖の東南の一部分（伊庭集落北東部）が伊庭内湖として、また西側の西の湖の大半が残っている。

これらのように水深の浅い内湖の干拓が進み、内湖が消滅したことは、琵琶湖の水辺に

図59　大中之湖干拓地の水門

おける大きな変化であった。ところが大中之湖の場合、陸化した内湖の南辺付近から発見された弥生時代の大中之湖遺跡もまた大きな発見であった。

弥生時代の大集落跡ならびに水田跡に加えて、木製の農具や土器など多数の遺物も発見された。大中之湖南部の地は弥生時代に陸地であり、水田経営をしていた村落があったことが判明したのである。大中之湖遺跡付近の内湖化が、それより後のことであったのは確かである。

先に述べた曾根沼は、八世紀より後の沈水の結果であった。時間幅が異なるものの、大中之湖もまた弥生時代より後の沈水による内湖の形成（ないし拡大）を物語るものであった。内湖の消長は琵琶湖の水辺の大きな変化を示すものであった。

水辺の変化と文化的景観

琵琶湖に流入する河川によってもたらされた土砂は、すでに述べたように河口付近に三角州をつくるか、あるいは土砂が沿岸流によって運ばれて、沿岸流の下流側の湖岸付近に砂州や砂堆を形成した。

河口に近い部分では相対的に多量の土砂が流入するので三角州を形成し、その過程で湖岸に沿って砂堆をつくり、陸地側に細長い潟湖をつくることが多かった（図55）。

河口から離れた部分でも、湖岸が内陸側へと湾入した入り口付近に、沿岸流によって砂嘴が延びて対岸に届き、砂州の陸側の浅い水面などの堆積の及びにくい土地が内湖と呼ばれる潟湖となった場合が多い。前述の曾根沼のように、水面ではなく低湿地であっても、堆積物の供給量が極めて少ないために圧密によって土層が収縮して沈下し、内湖となる過程をたどる場合もある。この過程は、地震の際などに急速に進行することがある。

堆積物の流入が少ない場所ではこれらの過程が加速し、結果として内湖ができやすいことになる。図54によって説明した野洲川南流―北流間の湖岸の例や、曾根沼・大中之湖の例のように、内湖が形成された過程とその結果である。

これらの変化には、曾根沼や大中之湖のように琵琶湖の水面標高そのものの変動が加わっていたことも多かった。特に唯一の流出口である、瀬田川の状況による湖水からの疏通量の変化が、水位変動に大きな影響を及ぼした。

明治二九年（一八九六）の淀川改修計画策定、さらにその実施のために同三三年着工した瀬田川の川底掘り下げと川幅拡幅（疏通能力毎秒五〇トンから二〇〇トンへの拡大）、同三九年完成の洗堰（あらいぜき）（調整用ダム）などによって疏通量の増大と調整が可能になるまで、水位の変動幅は相当大きかった。現在は洗堰の水位調整施設がさらに機械化されている。

琵琶湖本体の湖岸は、もちろん水運や漁労・農業に従事した人々の伝統的な生活の場であった。加えてこのような内湖の湖岸でも同じように、場合によってはそれ以上に、人々の伝統的な営みが活発であり、それにかかわる景観が形成され、維持されていることが多い。内湖の消長は激しいが、残された水辺ではとりわけ伝統的な景観がよく残っている。

このような生活と生業にかかわる景観は、人々がつくり上げてきたという意味で文化景観であり、人々の伝統的生活と生業の様相を語る、文化財としての文化的景観でもある。

本書では、琵琶湖岸と内湖の湖岸のいずれの場合についても、水辺の文化的景観の例を取り上げてきた。その範囲は、水辺の陸上だけでなく、湖上にまで及ぶ。例えば、第一章で取り上げた魞は琵琶湖特有の漁法である。魞によるアユ漁などによって、地元での食用のみならず、琵琶湖が各地の河川への放流用や、養殖用の稚アユの供給拠点ともなっていることはよく知られている。

さらに琵琶湖に注ぎ込む河川の川岸付近にも、第一章第四節で紹介したカバタなど、しばしば特徴的な水辺の文化的景観が見られたことにも留意したい。湖畔近くの河川に設置された簗も、遡上するアユなどを捕獲する漁労施設であり、特色のある漁法である。

琵琶湖をめぐる水辺の文化的景観は多様である。例えば人口に膾炙した「近江八景」において、比良の暮雪、堅田の落雁、矢橋の帰帆は分水嶺と湖上の直接的な情景であり、残りの唐崎の夜雨、三井の晩鐘、粟津の晴嵐、勢多（瀬田）の夕照、石山の秋月も、やはり湖畔の事象にかかわる感興である。第四章ではこれらについても触れた。さらに、旧制第三高等学校の寮歌としてよく知られている「琵琶湖周航の歌」もまた、第四章で触れた湖畔の情景を描いている。

おわりに

本書で取り上げたのは、琵琶湖とその周辺における水辺の文化的景観である。言い換えると、伝統的な水辺景観の様相といってもいいであろう。「はじめに」で述べたように琵琶湖は水辺の文化的景観を、相対的にではあるが、国内では最もよく残している。

私は琵琶湖畔の山麓近くに移り住んでまもなく、四〇年になる。この間、海外調査や在外研究などの不在期間を除けば、毎日のように琵琶湖を眺めてきた。かつては自宅二階の窓からも、今でも近くの高台に上れば、狭い南湖の対岸にある山やビル群まで見ることができる。

私事で恐縮であるが、二〇二一年初夏に白内障の手術をしてからは、散歩道の途中から眺める比叡山の木々や対岸の山々など、遠くの事物がことのほか鮮明に見えるようになった。

私はこれまで、多くの史跡や文化的景観を見学し、また指定・選定などにも携わってきた。文化財の一種である文化的景観そのものについては、概念・事例も含めてその知見を、前著『文化的景観――生活となりわいの物語』に記したことは「はじめに」で述べた。本書では重複を避けてそれらを割愛したので、必要であればご参照願いたい。

また、特に滋賀県各地の文化的景観については、選定申し出の調査報告書の作成、あるいは自治体の保存管理（活用）計画の策定などにかかわる機会がとりわけ多かった。

その中で痛感したのが、水辺の多様な文化的景観の貴重さと素晴らしさである。それらをまとめて書き残しておきたいと思ったのが、本書の執筆を思い立ったもともとの動機であった。自分自身が感動した文化的景観を、多くの方々に伝えることができれば、と思ったのである。

この意図が達せられているかどうかは心もとないが、読者諸賢のご判断を待ちたい。読んでくださった方々に、少しでも意図が伝わり、関心を持っていただくことができれば幸いこの上ない。

なお、本書の出版には平凡社編集部の進藤倫太郎氏のお手を煩わせた。また、さまざまな報告書作成に際して、一緒にご尽力いただいた方々も多い。感謝申し上げるとともに、末尾ながらお礼を申し上げたい。

二〇二一年初冬

比叡山麓に近い寓居にて　　金田章裕

参考文献

第一章

金田章裕『微地形と中世村落』吉川弘文館、一九九三年

西川嘉廣『ヨシの文化史――水辺から見た近江の暮らし』サンライズ出版、二〇〇二年

近江八幡市史編集委員会編『近江八幡の歴史』第一巻、近江八幡市、二〇〇四年

安土・八幡の文化的景観保存活用委員会編・刊『安土・八幡の文化的景観保存活用事業報告書』二〇〇六年

金田章裕『大地へのまなざし――歴史地理学の散歩道』思文閣出版、二〇〇八年

佐野静代『中近世の村落と水辺の環境史』吉川弘文館、二〇〇八年

高島市新旭地域のヨシ群落および針江大川流域の文化的景観保存活用委員会編『「高島市針江・霜降の水辺景観」保存活用事業報告書』高島市、二〇一〇年

長浜市文化財保護センター編『菅浦の湖岸集落景観保存活用計画報告書』滋賀県長浜市教育委員会、二〇一四年

橋本道範『日本中世の環境と村落』思文閣出版、二〇一五年

佐野静代『中近世の生業と里湖の環境史』吉川弘文館、二〇一七年

第二章

原田勝正・田村貞雄『明治大正図誌9 東海道』筑摩書房、一九七八年

林屋辰三郎・飛鳥井雅道・森谷克久編『新修大津市史4 近世後期』大津市、一九八一年

林屋辰三郎・飛鳥井雅道・森谷克久編『新修大津市史5 近代』大津市、一九八二年
草津市史編さん委員会編『草津市史』第二巻、草津市、一九八四年
金田章裕『古代景観史の探究――宮都・国府・地割』吉川弘文館、二〇〇二年
「能登川の歴史」編集委員会編『明治の古地図』東近江市、二〇〇八年
牧野久美『琵琶湖の伝統的木造船の変容――丸小船を中心に』雄山閣、二〇〇八年
用田政晴『湖と山をめぐる考古学』サンライズ出版、二〇〇九年
金田章裕『古代・中世遺跡と歴史地理学』吉川弘文館、二〇一一年
長浜市歴史遺産課編『月出の湖岸集落景観保存調査報告書』長浜市、二〇一七年
東近江市教育委員会編・刊『文化的景観「伊庭内湖と水路の村」調査報告』二〇一七年
東幸代「近世の月出」『月出の湖岸集落景観保存調査報告書』所収
笹生衛「塩津港の神と神社」水野章二編著『よみがえる港・塩津――北国と京をつないだ琵琶湖の重要港』サンライズ出版、二〇二〇年
濱修「塩津起請文の世界」『よみがえる港・塩津』所収
横田洋三「発掘された塩津港遺跡」『よみがえる港・塩津』所収

第三章

矢守一彦『都市図の歴史 日本編』講談社、一九七四年
特別史跡彦根城跡整備基本計画策定委員会編・刊『特別史跡彦根城跡整備基本計画報告書』一九九二年
彦根市史編集委員会編『彦根 明治の古地図 三』彦根市、二〇〇三年

近江八幡市史編集委員会編『近江八幡の歴史』第一・四・七・九巻、近江八幡市、二〇〇四年・二〇〇八年・二〇一七年・二〇二一年
滋賀県立大学濱崎研究室編『近江八幡市八幡重要伝統的建造物群保存地区 見直し調査報告書』近江八幡市教育委員会、二〇〇四年
西川幸治『城下町の記憶』サンライズ出版、二〇〇七年
高島市海津・西浜・知内地区文化的景観保存活用委員会編『高島市海津・西浜・知内の水辺景観保存活用事業報告書』高島市、二〇〇八年
金田章裕『古代・中世遺跡と歴史地理学』吉川弘文館、二〇一一年
彦根市史編集委員会編『新修彦根市史（第一〇巻）景観編』彦根市、二〇一一年
大溝地域の水辺景観保存活用委員会編『「大溝の水辺景観」保存活用事業報告書』高島市、二〇一四年

第四章

西岡虎之助編『日本荘園絵図集成』東京堂出版、一九七七年
長浜市立長浜城歴史博物館編・刊『特別展 竹生島宝厳寺』一九九二年
東京大学史料編纂所編『日本荘園絵図聚影 東日本編二』東京大学出版会、一九九六年
滋賀県教育委員会事務局文化財保護課編『湖国の祈りとそのかたち』サンライズ出版、二〇一三年
長浜市文化財保護センター編『菅浦の湖岸集落景観保存活用計画報告書』滋賀県長浜市教育委員会、二〇一四年
東京大学史料編纂所編『日本荘園絵図聚影 釈文編二 中世一』東京大学出版会、二〇一六年
島内梨佐・中井美波ほか編『地域の歴史から学ぶ災害対応 比良山麓の伝統知・地域知』総合地球環境学研究所、

二〇一九年
長命寺編・刊『西国札所 長命寺の至宝と歴史』二〇一九年
滋賀県文化スポーツ部文化財保護課編・刊『国宝 宝厳寺唐門ほか三棟保存修理工事報告書』二〇二〇年
海門山満月寺『臨済宗大徳寺派――海門山満月寺浮御堂』刊年記載なし
山王祭実行委員会編・刊『山王祭――いにしえ人に還る』刊年記載なし

第五章

琵琶湖干拓史編さん委員会編『琵琶湖干拓史』琵琶湖干拓史編纂事務局、一九七〇年
金田章裕『微地形と中世村落』吉川弘文館、一九九三年
片平博文「近江国覇流村墾田地図」、金田章裕・石上英一・鎌田元一・栄原永遠男編『日本古代荘園図』東京大学出版会、一九九六年
滋賀大学教育学部附属環境教育湖沼実習センター編『びわ湖から学ぶ――人々のくらしと環境』大学教育出版、一九九九年
彦根市史編集委員会編『彦根 明治の古地図 二』彦根市、二〇〇二年
金田章裕『文化的景観――生活となりわいの物語』日本経済新聞出版社、二〇一二年
金田章裕『古代国家の土地計画 条里プランを読み解く』吉川弘文館、二〇一八年
里口保文『琵琶湖はいつできた――地層が伝える過去の環境』サンライズ出版、二〇一八年
金田章裕『地形と日本人――私たちはどこに暮らしてきたか』日経プレミアシリーズ、二〇二〇年

金田章裕（きんだ あきひろ）

1946年富山県生まれ。京都大学文学部史学科卒業。文学博士。専攻は歴史地理学、人文地理学。京都大学名誉教授。現在、京都府立京都学・歴彩館館長、京都府公立大学法人理事長。

著書に、『条里と村落の歴史地理学研究』（大明堂）、『古代日本の景観』『古代景観史の探究』『微地形と中世村落』『古地図からみた古代日本』（いずれも吉川弘文館）、『大地へのまなざし』（思文閣出版）、『文化的景観』『地形と日本人』『地形で読む日本』（いずれも日本経済新聞出版）、『タウンシップ』（ナカニシヤ出版）、『古地図で見る京都』（平凡社）、『江戸・明治の古地図からみた町と村』（敬文舎）、『景観からよむ日本の歴史』（岩波新書）など多数。

琵琶湖　水辺の文化的景観

2022年9月14日　初版第1刷発行

著者　金田章裕

発行者　下中美都

発行所　株式会社 平凡社
〒101-0051　東京都千代田区神田神保町3-29
電話（03）3230-6579［編集］
（03）3230-6573［営業］

印刷・製本　図書印刷株式会社

装幀　松田行正＋杉本聖士

ISBN978-4-582-46824-3
平凡社ホームページ　https://www.heibonsha.co.jp/